現代に生きる糧

刀耕清話

小川忠太郎の遺した魂《こころ》

静岡大学教授
杉山 融

序にかえて

本書の目的は、平成四年（一九九二）一月二十九日九十一歳で逝去された無得庵刀耕小川忠太郎先生（剣道範士九段）が遺された崇高な魂《こころ》を紹介・解説し、剣道を通じて人生を豊かなものにしていこうとしている人びとの修行の理想として、道標《みちしるべ》として、あるいはまた、現在ただ今を生きる心の糧《かて》として、大いに活用していただこうとするものです。

二十一世紀に入り、平成二十年（二〇〇八）年夏にアメリカ合衆国から発した国際的な景気の低迷、引き続いて生じた失業率の上昇、あるいは国際政情の緊張など、私たちを取り巻く状況は決して容易なものではありません。その他にも良識を持った目で見れば意にそぐわない社会現象が多々起こっているにもかかわらず、剣道に夢と楽しみを求めて稽古に勤しむことができるということは、大変素晴らしいことであると思います。

しかし、これからの時代をしっかりと生きていくためには、決してそれだけで十分であるとすることはできないのではないでしょうか。社会人としての私たちにとって大事なことは、剣道の修行を通して、しなやかでしっかりとした自己の確立をしていくこと、すなわち、事に臨んでも揺るがない本体の養成を平素から心掛けていくことにあると思います。そのためには、剣道をおこなう人自身のこととして、剣道と日常生活との乖離《かいり》をどのようにして埋めるべきであるのかということが大変重要な課題になってきているのではないでしょうか。

本書のテーマである無得庵刀耕小川忠太郎範士九段……以下では、刀耕先生と呼ばせていただくことにします……は、著された剣道講話において、「剣道即日常生活、日常生活即剣道」という剣道観の重要性、すなわち、剣道と日常生活は一如であり、不二であるという真実に気がつくことが大事である、としばしば説かれています。その理由《わけ》は、人間であれば誰しも生き甲斐《がい》のある人生を送りたいと願っているという前提に立っているからであると思います。刀耕先生曰《いわ》く、

たった一度しかない人生、人間に生まれてきたからには、毎日が楽しくなければ生きているかいがないでしょう。

『宏道・小川忠太郎先生追憶尋思特集』第二十四号、人間禅教団附属宏道会刊、平成五年二月、四六頁

剣道を習うときにもう一つ大切なことは、「剣道の理念」に簡潔に表わされている修行目的をよく理解することです。なぜかといえば、

ただ稽古をやっているだけでは、いくらやっても何が何だかわからなくなってしまう。

刀耕先生講話「若い人へ」平成元年、内原、録音テープより

と刀耕先生が指摘されるように、修行目的に無知のままでいると知らないうちに無明界へ自らを陥れてしまうおそれがあるからです。このような意味で大事な剣道理念は、昭和五十年（一九

七五）に全日本剣道連盟によって制定されたものです。刀耕先生は、それに先立つ四年前に……先生は七十歳……指導理念制定委員に就任し、理念の検討に尽力されただけでなく、理念の制定以後も「無縁の慈悲」をもって残された全生涯を剣道理念の普及と日本伝剣道の発展のために尽くされたのでした。

三つ目に大事なことは、剣道理念における「人間形成」とはどういうことであるのかということを理解することです。これは人間個人形成の観点からいえば、生死の問題に直結する人生一大事の問題を明らかにすることであるといってよいでしょう。また、人間社会形成の観点からは、より良き社会生活に向けて人格形成に努めることを意味します。禅に「極楽《しあわせ》は　西にもあらず東にも　北みち（来た道）さがせ　南（みな身）にぞある」という道歌がありますが、人間形成の修行をおこなうべきところは、剣道をおこないかつ日常生活を営む私たち自身の本体以外にはありません。では本体はどのように耕していったらよいのでしょうか。

私の話を聞いて、剣道理念にうたわれている正しい剣道、本当の剣道を修行する人が少しでも増えるならどんな協力でもする。

『小川忠太郎範士剣道講話㈢剣と道』体育とスポーツ出版社刊、平成五年、一〇二頁

右の言葉に感謝して、本書では大正、昭和、平成という三つの時代を、剣と禅を通じて人間形成の修行をされ、剣道界の最高権威であると共に剣禅悟達をされた無得庵刀耕小川忠太郎先生が遺された崇高な魂《こころ》を手本とし、上に述べた現代剣道に課されている問題について解決の糸口を明

らかにしていきたいと思います。どの講も独立した話題で短編形式の講話仕立てになっています。落差の小さい石段を一歩一歩上っていくように、どなたでも関心を持つと思われるテーマのものからはじまり、講の番号が進むにつれて次第に高度なテーマへと誘っていくように配列してありますから、講の順番に読み進んでいけば自然に大テーマについての理解が深まっていくように意図されています。

本書が、剣道を好きで続けている人びとにとっては、剣道の質の向上のみならず、心を豊かにし、充実した人生の実現に向けて道標《みちしるべ》となってくれることを心から願っています。そして本書によって得られた刀耕先生という良師との縁の糸を手繰ることができれば、まさに「正師《せいし》を得ざれば学ばざるにしかず」という三磨《さんま》の位に則った稽古の第一歩がはじまります。これはなんと悦ばしいことではないでしょうか。

本書は、月刊『剣道時代』平成十四年（二〇〇二）五月号「序章」から平成二十年（二〇〇八）六月号「最終講」まで連載された「無得庵刀耕先生の遺した魂《こころ》」を土台にしています。一冊の本にまとめるにあたり、全講を点検し、全面的に書き改めた講をはじめ、他の講についても大幅な加筆・修正をおこないました。また新たな註を加えるなどして難解な剣・禅の言葉がより理解しやすいものになるように配慮しました。

最後に、本書の執筆に際し御厳父の著作を引用させていただくことにご快諾をしてくださった小川昭氏に心より感謝申し上げます。また、体育とスポーツ出版社「剣道時代」編集部の張替裕編集長には、連載企画が誕生した平成十三年十二月以来、最終講が終了するまで、励ましの言葉を度々いただきまして本当にお世話になりました。お陰をもって第七十講までもの連載を執筆することができたことは筆者にとって望外の喜びとなりました。また本書の出版に際し、同氏には企画をはじめ、いろいろご配慮をしていただきまして、厚く心より感謝申し上げます。

平成二十二年一月二十九日

著者

目次

第一講　懸命

出来ることに命を懸ける。苦しかったら、ここが命の捨て処《どころ》だ。

表題の言葉は、無得庵刀耕《むとくあんとうこう》小川忠太郎範士（八十九歳）の日本武道修錬会……平成二年夏、茨城県水戸市内原町「無心堂」……における最後の剣道講話からのものです。初めて聞いたときには、剣道の修行というものには並々ならぬ覚悟が要《い》るものだ、と心に緊張を覚えたものでした。が、よく考えてみると、剣道の稽古は「竹刀」でするとはいうものの、これを「真剣」の観念で用いるということが「剣道の理念」制定以来の大事な心構えですから、そういうことなんだと、そのときは納得したつもりでした。

ところがある日のこと、振り上げて振り下ろして打つという、初心者のときに習って以来何十年も続けている素振りの単純な動作がどうしたらもっとうまくできるようになるのだろうかと工夫をしていたときのことです。正面打ちは、分けて考えてみると、心法（心理的な側面）、刀法（技術的な側面）、そして体の法（身体的な側面）の三つの要素からなっており、それが相互に作用しあって一本の技が創造されてくるのではないだろうか。このように考えていくうちに、いわゆる基本といわれる事柄について、自分でできるはずのことについて稽古を疎《おろそ》かにしている部分があることに気が付いたのです。その途端に、忘れていた例の刀耕先生の言葉が、まったく新たな趣《おもむき》をもって聞こえてきたではありませんか、「自分にできることは、一所懸命《いのちをかけて》やりなさい」と。後日、「天地自然の道」と題する刀耕先生の講話を読んでいたところ、次のような文章に遭遇しました。

人間の道とはどういうことかと言うと、当り前のことを当り前にやる。これが人間の道なのである。これを修行する。こういうことは、言うことは易いが、一生涯修行しても完全に出来得るものではない。

お釈迦様は「我思うが如くに言い、言うが如くに行なう」と。これは規範である。我々の未熟な分際で、思ったとおりに言ったら支離滅裂になってしまう。思ったとおりにやったら脱線してしまう。一家だって斉《ととのえ》ることは出来ない。自分の一身すら修まらない。つまり、当り前のことを、当り前にやるなどということは、人間の理想であって、出来ないことである。出来ないことであるが、それを理想において、剣を通してこれを学ぶ。これが剣道ということなのである。

『小川忠太郎範士剣道講話㈢剣と道』七頁

自分にとってできることというのは、当たり前のことです。しかし、「あなたは、当たり前のことがちゃんとできていますか」と問われた場合に、果たしてどれだけの人が即座にうなずくことができるのでしょうか。

剣道でいうならば、いつでも、どこでも、段位に相応しい稽古をすることができているでしょうか。指導者として、できないことを教え子に押しつけてはいないでしょうか。また日常生活においては、会社のしかるべき地位にある者として、立場に応じて、十分にその職責を果たすことができているでしょうか。

胸にそっと手を当て反省してみると、できているつもりでも、意外にできていないことが多いものです。しかし、もしそのことに気が付いて試してみたらできるというのであれば、実際にやればできるのですから、意識をしていなくてもそれがいつでもできるようになるために、命を懸けて修錬することが大事であると思います。

誰でも問題を持っているのですから、できる問題をしっかりやる。そしてできることが本当にできるようになると、一遍《いっぺん》にぐーんと上がるのではないでしょうか。

剣道をするということは、こういう過程を経て人間形成の道を歩むことである。このことを再確認してみることは、大変大事なことではないでしょうか。

第二講

剣の精神

剣を交えての勝負はやり直しが利きません。もう一遍ということができません。これが人生とすっかり同じですね。

『小川忠太郎範士剣道講話㈠』体育とスポーツ出版社刊、平成五年、一三頁

私たちは、日常の稽古で使っている竹刀について、実際どのような気持ちで用いているのでしょうか。まさかと思われるかもしれませんが、「しない」とは相手を打つための道具であり、先革と柄がついている竹の棒である、ぐらいにしか考えていない人が意外に多いのではないでしょうか。

剣道では相手を「打つ」といいますが、これは「切る（斬《き》る）」という意味である[註一]ということを知っていらっしゃるでしょうか。そこで、竹刀は単なる四つ割りの竹やそれに擬《ぎ》した化学製品でできている棒状の道具にすぎませんが、これを「刀」という観念で用いるということが非常に重要なのです。

そこで、「叩《たた》く」とか「当てる」とか「殴《なぐ》る」というのではなく、刃筋正しく「切る《うつ》」稽古を心掛けるようにしたいものです。また、たとえ打突部位以外のところを相手の竹刀に掠《かす》められても、「切ら《うた》れた！」「参った！」と受け止める感性も同時に養っていきたいものです。そして常の

稽古には、こうした反省・工夫を踏まえて臨むようにしたいものです。

打った・打たれたという勝ち負けの現象だけで剣道を捉《とら》えているうちは、まだ浅いのです。剣道とは、「剣」という心で竹刀を持ち、仮《かり》に真剣勝負という生死のやりとりを通して、二度と再びやり直しがきかないことを習う尊い行為であるからです。

人生もまた、もう一度やり直そうと思っても、二度とやり直すことができないかけがえのないものです。今では文明も発達し、大変便利な世の中になっていますが、交通事故や医療ミス、あるいは天災と、いつ何時災難が降りかかってこようとも少しも不思議ではない時代です。こうした日常生活において、たとえ明日死んでも困らない、という覚悟をして生活をしている人が果たしてどれだけいることでしょうか。

悔《く》いのない人生を送りたいものですが、そのためには生きる主体者である私たちの心が充実していなければならないでしょう。ところが心の充実とは、現代人が浴している物質文明だけでは容易に手に入れることができないものなのです。

一日一日を充実した気分で過ごすことによって豊かな生活が実現するものですが、その元は何といっても心の働きです。突き詰めてみると、生きているという真実は、昨日でも明日でもなく、今現在のことです。では、この一瞬をどう充実させて生きればよいのでしょうか。

日本の伝統文化である剣道には、この問題を解決してくれる可能性が秘められているのです。それには、「剣道の理念」に示されているように、まず竹刀を「剣」の観念で用いることが肝要です。このような心構えがあってこそ、明日死んでも善《よ》いという潔《いさぎよ》い心の養成に向けての第一歩を踏み出すことができるのです。あとは心の工夫を心掛けて、一歩、また一歩と心を新たにし

平成元年１月31日、小川範士88歳のときに写す（撮影＝徳江正之）

て進むことです。現代剣道が人間形成の道であるといわれる大きな理由は、まさにここにあるのではないでしょうか。

禅の言葉に「一大事と申すは　今日只今之心也」（正受老人）というものがありますが、過去でも未来でもなく、今日、即今、ただ今に最善を尽くす工夫をすることが肝要である、と心の目を開く機会を与えてくれます。剣道でも同じことがあてはまります。

剣にはどういう意味があるかというと、剣を交えての勝負はやり直しがききません。もう一遍ということができません。これが人生とすっかり同じですね。我々はそれぞれ何年かの自分に合った寿命を持っております。しかし、その寿命のうちにやったことは後戻りができません。やり直しができません。一遍でぐっぐっと前へ行かなければならない。そういう厳粛なものであれば、剣の精神というものはやり直しのできない人生に直結するのです。次は同じことは二度ありません。ここと そこでは違う。それだから慎重に、自分の全力でいかなければならないわけです。こういうものが剣の内に含まれているのです。つまり、刀の切り合いではなく剣の精神を残したいために、剣の一字が入れてあるのです。

『小川忠太郎範士剣道講話㈠』一一三頁

註一、「正しい刀法に基づいた剣道を学ぶためには、平素の稽古のなかに日本剣道形を組み入れる必要がある」とする新しい指導方針を明示的に打ち出した全日本剣道連盟刊「剣道講習会資料」（平成十四年四月版）には、「打つということは、切るという意味である」（一一頁）とある。

第三講　感謝の念

お互いに稽古していると、相手に打たれる。打たれた所に自分の欠点があるんだから、それを教えてもらって有り難かったなと、相手に感謝する。

『小川忠太郎先生剣道話　第一巻』人間禅教団附属宏道会刊、昭和六十一年、七七頁

刀耕先生の説かれるところによると、「夫《そ》れ剣は心なり。心正しからざれば、剣亦《また》正しからず。須《すべか》らく剣を学ばんと欲する者は、先《ま》ず心より学ぶべし」註二と剣道の至言にいうとおり、内面の養成もしていかないと日本の剣道は滅びてしまう、ということです。

このように剣道には重要な奥がまだあるにもかかわらず、剣道とは相手と有効打突の本数を競うものであると、奨励策としての試合程度の認識レベルで捉えていると、結局、「打った・打たれた」という相対・対立のレベルに留《とど》まることになり、人間形成の修行とはおよそほど遠いものになってしまいます。

高段者のみならず、剣道に志す学生や社会人であれば、剣道の理想というものをよく心得ておく必要があるのではないでしょうか。もう昔の話で知っていらっしゃるかたも多くないと思われますので、近代剣道史のある重要な事実を、刀耕先生の講話から少し学んでみることにします。

しかしこの天覧試合[註三]のとき、高段者の勝負をとる試合はよくないと言って内藤高治先生[註四]が反対した。結局、勅命だということで承知したが、「これで日本の剣道は滅びた」と佐藤忠三先生[註五]に話している。

このときから、余計に当てさえすればいいんだという考え方が日本中に広まってしまった。昭和四年からだから、六十年間ずーっと当てっこ稽古で来ているわけだ。だから今の稽古では、良い試合というのは、なかなか出ない。いいとこ打ったとか、打たれたとか、そんなことではなく、指導理念[註六]に則した試合を心がけるようにしなければだめである。

『小川忠太郎範士剣道講話㈠』一七五頁

要するに、人間形成の核心である養心ということが剣道の修行に欠けているのでは、剣道をする意味がないではないかということなのです。では一体何をもって心の修行とするべきであるのかということになりますが、その一つが冒頭の言葉に示されています。

自分の非というものには、凡夫《ぼんぷ》である私たちは気が付かないでいることがよくあるものです。しかし稽古を通じて、それを相手のかたに的確に指摘してもらうことができるのです。丁度、身だしなみの欠点を映し出してくれる鏡と同じ役割を果たしていただけるわけです。これによって、技癖や心の弛《ゆる》みなどの無自覚でいた自分の欠点に気付かされ、貴重な向上のヒントを得ることができるのです。何と有り難いことではありませんか。

剣道の稽古は年齢・性別・段位の区別なく、どなたとでもおこないますが、打たれたときには

「参った！」と正直に受け入れるようにしたいものです。また終了の立礼においては稽古相手に対し心で合掌し感謝するようにすれば、それこそ心を養う修行の門口《かどぐち》に立ったという証《あかし》になるのではないでしょうか。まさにこの意味において、昔から「打って反省、打たれて感謝」とよくいわれているのです。職場生活においても、たとえば、「注意をして反省、注意をされて感謝」と剣道の応用がなされれば、部下や後輩から信頼される良き上司・先輩となるために、養心の工夫も大いに進むのではないでしょうか。剣道を通して人間形成の道を歩もうとする私たちは、刀耕先生の次の言葉をよくよく味わいたいものです。

お互いに稽古していると、相手に打たれる。打たれた所に自分の欠点があるんだから、それを教えてもらって有り難かったなと、相手に感謝する。後で、どういう欠点かを反省してそれを直す。そういう精神を養っていくと、世の中へ出て、人を立てる人格になる。相手に感謝するんだから。打たれて有り難い。相手に悪口を言われたって有り難いんだもの、敵なんか無くなっちゃう。おれの欠点を教えてくれているんだと思う。人間の幅が広くなる。そういう心構えが大事。自分の技は、十分いっても足りないと思え。相手には、軽く打たれても参ったと思え。感謝する気持ちで直していく。そうすると、だんだん心境が開けていく。そうでないと、剣道は慢心する。人を入れないような人間になっちゃう。これじゃ、やらない方がいい。

『小川忠太郎先生剣道話　第一巻』七七頁

註二、幕末の剣士、島田虎之助（一八一四〜一八五二）の言葉。彼は、幕府講武所頭取、直心影流正統十三世・男谷

下総守信友の高弟であるとともに勝海舟の剣の師匠でもあった。

註三、昭和四年五月におこなわれた御大礼記念天覧試合を指す。

註四、内藤高治《たかはる》範士。一八六二（文久二年）～一九二九（昭和四年）。北辰一刀流。大日本武徳会武術専門学校主任教授、日本剣道形主査。

註五、佐藤忠三《ちゅうぞう》範士九段。一八九八（明治三十一年）～一九七六（昭和五十一年）。武道専門学校教授、東北管区警察学校剣道教授、東北学院大学剣道部師範など。主な著書に『剣道と人生』（個人出版、昭和四十三年）、『剣道の学び方』（体育とスポーツ出版社刊、昭和五十四年）がある。

註六、「剣道の理念」のこと。一九七五年（昭和五十年）全日本剣道連盟（以下、全剣連）制定。

第四講
日本剣道形

全剣連では叡智《えいち》を集めて立派な指導理念をつくったが、今の剣道ではこの理念が実際に行なわれていない。指導理念註の実際化にはどこから入るか。それは日本剣道形から入るべきである。

註、全日本剣道連盟が昭和五十年に制定した「剣道は剣の理法の修錬による人間形成の道である」という「剣道の理念」と「剣道修錬の心構え」からなる「剣道の（指導）理念」のことを指す。

『小川忠太郎範士剣道講話㈢剣と道』五八頁

日本剣道形を、自分の剣道の稽古に関連づけて考えてみたことがありますか。もしも、昇段審査のとき以外には考えてみたこともなかった、などというのでしたら、これからは『日本剣道形解説書』註七を手元に置いて参照・工夫されることを是非お勧めします。

剣道形には、竹刀稽古の基本となる事柄がすべて含まれています。そればかりか、奥義《おうぎ》ともいうべき剣の理法も内蔵されているからです。

誠意をもっておこなう礼法のことから、刀法のことについていえば、正しい構え方、そして充実した気勢をもって刃筋正しく打突する面・小手・突き・胴技の理合。視点を変えれば、抜きや鎬《しのぎ》の機能を生かした摺《す》り上げ・摺り込み・萎《なや》し等の理合。体の法としては、正しい姿勢、目付け、足捌《さば》き、手の内、残心等。また心法として、機の捉《とら》え方、間合の把握、呼吸法、気海《きかい》・丹田《たんでん》の養成、残心等があります。これらは、どの一つを取ってみても、正しい剣道を実現するためには決して欠くことのできないものばかりです。

しかしながら、形の稽古において、とりわけ重要なことは、呼吸法なのです。

大正二年に剣道形が発表になったとき、主査委員の内藤先生[註八]**の指導は、呼吸を止めて形をやらせた。例えば一本目は、上段に構えたとき、三間の間でズーッと息を吸って腹に納める。そして苦しくとも息を止めたまま三歩出て、打太刀は一気に「ヤー」と打って出る。仕太刀も同じように息を止めて三歩出て「トー」と。この呼吸。**

…〈中略〉…姿勢さえよければ息を止められるし、また息を止めることによって気合が充実し、正しい姿勢ができる。これが内藤先生の呼吸法である。

『同上』五八―五九頁

呼吸は、誰しもが認めるとおり、人間が生まれたときから死ぬときまで止《や》むことのない大事な生命維持活動です。しかし、形の稽古に際して、呼吸法のことはあまり意識をしないできた人が多いのではないでしょうか。実は、呼吸には大きな意味が潜《ひそ》んでいるのです。この意味をあらためて考えてみませんか。そして、これからは形の一本一本を、吸った息を臍下丹田に蓄えて一つの呼吸で打つことができるように心掛けてみませんか。

「ヤーッ」「トーッ」の発声の後は、また息を止《と》めたまま残心。そして中央に戻り構えを解《と》き、五歩後退し、また中段に構え始めるまでの間、それこそ「苦しかったら、ここが命の捨て処だ！」と大勇猛心《ゆうみょうしん》をもって、息を下腹部にグーッと溜《た》めなおす努力をする。そういう修錬を重ねていくと、あなたの剣道は大きく変化してくるはずです。

姿勢を正し、肺尖《はいせん》呼吸や胸式呼吸から腹式呼吸へと、できるだけ深く長く息をするように心掛けていくと、竹刀稽古にもよい効果が生じてきます。それればかりか、この呼吸法を就寝前に仰《ぎょう》臥《が》して試みる。これは白隠《はくいん》禅師著の『夜船閑話《やせんかんな》』に出てくる有名な呼吸法ですが、平素からそういう工夫を積み重ねていくと、日常生活の諸活動をおこなうに当たっても、きっと充実した心気の素《もと》を養うことができるはずです。気力溢れる剣道、そして生き生きとした日常生活をするためにも、呼吸法のことは、よくよく工夫してみたいものであります。

息を止めることで姿勢ができる。つまり構えができる。そして心がおさまる。これは中学生でもできる剣道の初歩であり、一生涯やってもきわめつくせない極意である。

呼吸は昼夜の別なく休みなし。その間断なくしている呼吸を修錬する。呼吸を修錬すれば今の剣道が日本正伝の古流と直結する。つまりそこに今の剣道と日本の正しい剣道の一致点がある。…〈中略〉…剣道形には内藤流の呼吸法を入れればいい。そして呼吸三昧を錬っていく。そうすれば今のままでも立派に二十一世紀に通用する剣道になるのである。

『同上』五九頁

註七、全日本剣道連盟発行による。「日本剣道形解説書」や「大日本帝国剣道形」の他に、修錬の上で見逃すことのできない「剣道形の指導上の留意点」、「日本剣道形審査上の着眼点」などの重要な資料が収録されていますから、有段者にとっては必携の書です。

註八、日本剣道形の原本である大日本帝国剣道形（大正元年〈一九一二〉制定）が作られたときの五人の主査委員……根岸信五郎範士、辻真平範士、内藤高治教士、高野佐三郎教士、門奈正教士……の一人であった。また第三講の註四（二〇頁）も参照のこと。

第五講　乗る

人間は受け身に成りさえしなければ、苦しくない。

『小川忠太郎先生剣道話　第二巻』人間禅教団附属宏道会刊、平成四年、六三頁

本講は、稽古でいじめに遭《あ》っても受け身になってはいけない、ということがテーマです。刀耕先生は、大正八年（一九一九）に埼玉県熊谷市から十八歳で上京し、「個人完成」を目的に剣道の大家、高野佐三郎先生の修道学院（明信館本部）にて本格的な剣道の修行を始めています。入門後まもなく、先輩に誘われて出掛けた陸軍幼年学校の指導稽古において、剣道の指導者たちを相手に二時間の元立ちをつとめたことがあるのだそうですが、今では想像を絶するほどの厳しい稽古を体験された[註九]ということです。

この話の要点は、いじめられて苦しいのは、受け身になるからだと言う事だ。相手は二十八、九歳で四段だった。こっちは十九歳で初段までいっていない。攻められて、どうしても受け身になる。だから、苦しかった。後で考えて、「人間は受け身に成りさえしなければ、苦しくない」という事に気が付いた。

『同上』六三頁

「受け身になる」ということは、形態的な一例を挙げると、稽古において相手に攻められて後退

するということではないでしょうか。そこで「退《ひ》くな！」ということがいわれます。また、手元が上がれば、「浮かされるな！」ともいわれます。この他に身体的に受け身の形態はいろいろとありますが、それには内的な原因・理由が必ずあるはずです。すなわち、「受け身の心」です。これに対し、プラス思考の観点から、専門用語である「先の気位」とか「乗る」という言葉が対極にある心理の状態を表現しているのではないでしょうか。

たとえば、普段の稽古では切り返しや掛かり稽古によって「先の気位」、すなわち「気剣体の一致」の養成を図っているものと思います。切り返しを受ける側も、「ただ」受けるのではなく「先」の気分になって応じることが大切です。また、「先」を養う掛かり稽古の元に立つ側も「先」の気分で受けつつもたまには「先」の気分で応じて打ってやることや、両方が「先」の掛かり稽古をしているつもりになってする地稽古。こうした稽古の積み重ねをすることによってはじめて充実した気力と勇気を培い、受け身の心を脱し、「先」というプラスの心理状態を実現することが可能になるのではないでしょうか。

日常生活においても、しかりです。人にいわれて起こす行動は受け身です。しかし自ら問題を発見し、自ら工夫して行動を起こすことができるようになれば、これはプラスの心理状態といえます。下は食卓の後片づけや浴槽の掃除から、上は政府が進めている景気回復政策や企業が必死で取り組んでいる組織のサバイバルという大問題までありますが、どの位置環境に置かれたとしても、受け身になればなるほど、自主性が薄れていくものです。その結果、問題解決へ向けての応手が後手、後手となり、初期には容易に処理することができた問題ですらも容易に片付けることができなくなってしまいます。それどころか、当事者の心までもが押し潰《つぶ》されかねないという

エスニックレストラン
とらばーゆ

マイナスの心理効果さえ生じてくるものです。このような状態を望む人など一人もいないのではないでしょうか。

さて、以下に引用する刀耕先生の講話の続きですが、「剣道」を「日常生活」あるいは「人生」という言葉で置き換えてみると、どのように聞こえてくるでしょうか。

「受け身になるな！」ということは、剣道のみならず、社会生活においても非常に大事なことです。よくよく工夫してみたいものですね。

どんな問題でも、受け身になったらいけない。乗っていくんだ。そこを覚える。「乗る」事を「転ずる」という。受け身に成るのを「転ぜられる」と言う。相手に、転《ころ》がされている。転ずれば、どんな事だって自主的だから苦しくない。苦しい時は、修行だと思えばいい。そう思えば、何でもない。「大変だから、この仕事は人に押し付けて」なんて考えたら駄目だ。逃げれば逃げる程、仕事が来る。そういう所を覚える。どんな問題でも、現在しかない。あしたの問題が、いま来たりはしないよ。だから、現在に「乗って」行く。「現在」、「この場」しかない。これが剣道だ。この修行。だから、為になる。乗られたら、打たれなくとも負け。乗れば、打たれても負けじゃない。ここが、ポイントなんだ。

『同上』六四頁

註九、この時の刀耕先生の体験をもっと知ってみたいと思われるかたは、堂本昭彦著『剣道修行　修道学院の青春』（スキージャーナル株式会社刊、一九八五年、一七六―一七九頁）を参照のこと。

第六講 役立つ剣道

剣道の理合は、日常生活の上でもおもしろいよ。同じ出来事は二度ないからな。同じようだが皆違う。あの手で来るかと思うと、同じものはないよ。みんな新しい。だから、自分の方が「はっきり」していないと、それに応じられない。

『小川忠太郎先生剣道話　第一巻』一一八頁

剣道とは道場の中でおこなうものであるとか、あるいは道場や体育館でおこなう試合が剣道であるという見方をされている人が多いのではないでしょうか。ところが、剣道と日常生活は底でつながっているというのですから、この話をはじめて聞いて驚かれる人がきっというだろうと思います。刀耕先生は、冒頭の文に続いて次のように説かれております。

覚えておったんじゃ駄目だ。これが修行になるわね。つまり、同じ事は二度ないという事だ。それから、やり直しがきかないよ。一遍腕を切られちゃったら、元に戻す事は出来ない。剣道には「元へ」はないよ。それだから、「いいからかん」じゃいけないよ。そこに、ちゃんと「段取り、真剣、締め括り」が出来ていないとな。切られても、後悔が無いだけの肚が出来ていないといけない。そういう所を学んでいくと、剣道というものは実生活に役に立つ。「やり直しがきかない」というところ。それから「同じ事が二度ない」という所。同じ人でも、もう違っている。だから、常にこっちが新しくなくちゃいけない。

『同上』一一八頁

第二講で触れたところですが、剣道をするにあたって大事なことは、持った竹刀は真剣であると思って用いるということです。剣道界にあってこの事情を理解しようとするときには、ちょうど自分の姿を自分で見ようとするような一種のもどかしさがありますが、禅という外界からは剣道はどう見えるのでしょうか。例えば、澤木興道老師（一八八〇〜一九六五）は次のように説いておられます。

敵を前に置き、負け勝ちを方便とし、真の自己を創造する。〈元へ〉がきかない。一つやられると命がない。今ぎり、ここぎり、寸分の油断のない、そこに取り返しのつかない道を極めるこれが私の武道の説き方でもあり、禅の説き方でもある。

『禅を語る　澤木興道講演集』大法輪閣刊、平成十年、三五頁

澤木老師によれば、禅僧が只管打坐《しかんたざ》の修行をするに際しては、素手であるにもかかわらず「真剣」を用いた剣道の修錬を手本として、それと同じく真剣に坐禅をすべきである。さもないと人

間形成としての修行は困難であると説かれております。禅の世界から見た剣道とは、それほど厳しい修行の模範となるものであるというのです。

稽古や試合を「方便」というのは「仮の手段」というくらいの意味ですが、ここが一つの急所です。というのは竹刀剣道における稽古や試合では相手の面や小手を打つことを競いますが、これは「方便」としてです。しかし「方便」として相手が自分の敵になってくれるからこそ、自分が持つ力を十分に引き出してもらうことができるのです。また「方便」として真剣に生死を明らかにしようとすることによって、たとえ竹刀であっても相手の刀に自分の身体が触れれば切られたことを意味するのです。ましてや打たれれば一刀両断にして命を絶たれたも同然のことになるわけです。そうなってはやり直しがきかないので、そうならないために寸分の油断のないようにして敵と対峙《たいじ》しなければなりません。刀耕先生の言葉をお借りすれば、「いいからかん」な気分では絶対いけないのです。

刀耕先生によれば一本の事《わざ》とは遠間・一足一刀の間・残心からなり、この三つを貫くものは至誠であるということですが、とりわけ一足一刀生死の間については次のように説いていらっしゃいます。

剣先が合わさって、一、二寸入ったところ、つまり交刃の間。この間は、出たり引いたりは出来ない。ここは一足一刀生死の間である。

ここで本来なら彼我一体でなければいけないのだが、ヒヨッと雑念が入る。それが昔から言われる剣道の四戒、驚懼疑惑。これが出ると、捨身になれない。（傍線著者）

『小川忠太郎範士剣道講話(一)』一三七頁

　一足一刀という言葉は、初級者が必ず習うキーワードのひとつです。修行を積んだ中級者や上級者であっても、実際の稽古においては、まさにこの間において「恐れ、驚き、疑い、惑い」という心の病に襲われて相手に正しく応じることができなくなってしまうということがよくあるものです。したがって、このような雑念をどう克服するべきかという問題に焦点をあてて解決策の工夫を発心することになれば、これはもう人間形成の課題に取り組む正しい修行態度であるということになります。

　結局、剣道をするということは、時間をかけて人間形成の道を歩んでいくということなのです。そしてそれは常に「やり直しがきかない」あるいは「取り返しのつかない道を極める」ということを重要な目的としているのであるということを忘れないようにしたいものです。この意味がわかったときに、「剣道というものは実生活に役に立つ」とおっしゃる刀耕先生の真意が自ずから明らかになるのではないでしょうか。

第七講 反省

事（わざ）をやる上で大事なことは反省であって、稽古のやりっぱなしではいけないのである。

『小川忠太郎範士剣道講話㈡不動智神妙録』体育とスポーツ出版社刊、平成五年、一一七頁

稽古や試合で打たれた、打ったという経験は誰にでもよくあることです。そんなとき、どんな締め括《くく》りをしているのでしょうか。

中国の古典『論語』の一節に「吾《わ》れ日に三たび吾が身を省《かえり》みる。人の為に謀《はか》りて忠ならざるか、朋友と交わりて信ならざるか、習わざるを伝うるか[註一〇]」とあります。目まぐるしく変化する日常社会であり、その中で忙しく働く社会人にとって、毎日、それも一日の間に三度など、とても曾子《そうし》のような真似《まね》はできないと思われる人が、きっとたくさんいらっしゃるのではないでしょうか。しかし、忙しく思われる今の時代であるからこそ、せめて自分の言行を謙虚に振り返ってみることができる心のゆとりを失わないようにしていきたいものです。

みんな色々と試合に出ていると思うが、自分が良く出来たときと、あまり良く出来なかったときの試合を考えてみるんだな。自分が良く出来なかったときはどこが悪かったか、それと反対に良く出来たときはどこが良かったか、それを自分のものにする。

私が三十才頃、試合で気分で攻めていながら甲手を打たれることがあった。そこで考えた。相

手が甲手を打ちたくて打って来る。それを応じるのも技だが、相手が甲手を打って来る先に打つのも技だ。そこは考え次第だ。だが甲手を打たれまいとすると甲手をかばって変な格好になる。甲手を打ちたい相手には打たせりゃいいんだ。そう考えたら楽になる。（傍線著者）

上牧宏著『師範室閑話』「小川範士回顧談」体育とスポーツ出版社刊、平成三年、一九〇頁

刀耕先生は「考える」という表現をされていますが、ここは「反省する」とか「工夫する」と言い換えてみてもよろしいのです。重要なことは、試合や稽古の後で、自らの成功と失敗を素直な心で省みることであり、ここに向上の鍵が潜んでいるのです。試合・稽古中の自分の姿は自分には見えないものですが、自分が打たれたという事実を謙虚に受け入れて、そこをよくよく工夫してみることが肝要です。

さて、刀耕先生は、剣道上達の一つのポイントとして、次のようなアドバイスをしてくださいます。

稽古で欠点を直して行けばいい。欠点が全部無くなれば、完全だ。欠点というのは「事実」だ。現実問題。現実を捕まえて、悪い所を直していけばいい。それを、雲を掴むような事をやって、有りもしないものを有ると思って考えてみても、結論は出はしない。そういうやり方だと、苦しむだけだ。悩みの元は、世界中から集めれば幾らでもあるからな。関係無いよ、そんな事は。自分の現実にある自分の欠点をなくす。ひとつずつ直していけばいい。

『小川忠太郎先生剣道話　第一巻』一三二―一三三頁

凡人である私たちは、無くて七癖、あって四十八癖といわれます。せっかく正しい剣道を習得しようとして努力をしているにもかかわらず、技癖が私たちの上達を阻《はば》んでいるのであるとすれば、これは重大な問題ではないでしょうか。ここに剣道修行の欠点とされる諸癖について興味深い観察[註一一]がありますから、症名だけでも少し紹介してみましょう。「自己満足症」、「選り嫌い症」、「理屈過多症」、「やり放し症」、「力み過ぎ症」、「臆病打症」、「叩き合い症」、「気負け症」、「狐疑症」、「無反省症」等。あなたにもどれか思い当たる癖はないでしょうか。

刀耕先生は、日常生活においても同じことがあてはまるとして、次のように指摘されています。これは剣の道、そして社会生活における正しい道を歩もうとしている私たちにとっては、よくよく工夫をしてみたい大事なところです。

世の中だってそうだね。自分の欠点を見付けて、それをひとつ直せば「グーッ」と伸びる。世間には、いろんな人がいるが、そういう人を相手にして、自分が成長出来るようになれば、しめたもんだ。対立にならないでね。そうでなくて、自分の欠点を直さないで、人の欠点だけ責めていては駄目だ。そうすると落伍しちゃう。剣道で言えば、自分の欠点を直さないで、ただ打つ事だけやっていては駄目だ。相手の欠点を打つことばかりじゃ、もう向上しない。そこがポイント。

『同上』一三三頁

註一〇、現代語訳、「わたしは毎日何度もわが身について反省する。人のために考えてあげてまごころからできなかったのではないか。友だちと交際して誠実でなかったのではないか。よくおさらいもしないことを〔受けうりで〕人に教えたのではないかと。」『論語』「学而第一」金谷治訳注、岩波文庫より。

註一一、佐久間三郎著『剣道の手順』（体育とスポーツ出版社刊、昭和五十九年）から引用。剣道を習う人の欠点について、約三十の癖症例が列挙され、分かりやすく、かつ説得力をもって記述されている。

第八講　五戒㈠

五戒
一、嘘《うそ》をついてはいけない
一、怠《なま》けてはいけない
一、やりっぱなしにしてはいけない
一、我儘《わがまま》をしてはいけない
一、ひとに迷惑をかけてはいけない

無得庵刀耕先生によれば、剣道の理念（全日本剣道連盟制定）に謳《うた》われている「人間形成」とは「五戒《ごかい》」註二と同じことであり、これを工夫することが人間形成の道を工夫することなのである、ということです。

五戒とは一言で言いますと、誰もが持っている真心です。この真心というものを五つの方面に開いただけの話。ですから、この中の一つに本当に徹底すれば、全部に通ずる。だから、見方によれば、人間形成に入る道が五つの方面にあると言ってもいい。一つに徹底すればいい。「誠」

から出ているんだから、その「誠」の所まで行けば、五つ全部が分かる。

「宏道会の剣道について」『宏道』第二十一号、人間禅教団附属宏道会刊、昭和六十二年六月、六頁

人間形成という概念《コンセプト》には、誰もが持っているといわれる真心を核《コア》として、個人としての人間完成をめざすということと社会性をもった人間としての完成をめざすという二つの側面があります。つまり一個人としての自主性や自立心を養成するとともに自己を深く耕していくということは前者の課題となります。また人間は、現代社会において一人だけで生存していくことは決してできませんから、他者と仲良く交わって共存し発展していくことができるように社会性を養成するという後者の課題も人間形成に向けた重要な課題であるのです。

ところで、ここでいう剣道の理念とは、「剣道の理念」と「剣道修錬の心構え」[註一三]が二者一体となって表現されている理念のことをいいます。また「剣道修錬の心構え」の前段部分である「剣道を正しく真剣に学び／心身を錬磨して／旺盛なる気力を養い／剣道の特性を通じて／礼節をとうとび／信義を重んじ／誠を尽して／常に自己の修養に努め」は人間個人形成のことを表わし、「五戒」の最初の三つの戒《いましめ》に相当します。そして後段部分の「以て／国家社会を愛して／広く人類の平和繁栄に／寄与せんとするものである」が人間社会形成のことを表わすとともに、「五戒」の最後の二つがこれに当たります。

では、第一番目の「嘘をついてはいけない」という戒についてみることにします。日常生活において嘘をつくという行為がどのような結果を招来するのかということは自明です。というのは、誠に遺憾なことですが、個人のレベルのみならず、政界や医療界、あるいは食品業界にと不正直

が原因で社会的な信用を失いマスコミをにぎわせた例はこれまでにたくさんあるからです。

本講で話題にしている「五戒」をある壮年の社会人に示したところ、「恐いですね。嘘をつかないなんて、難しいことですよ」という反応が即座にありました。きっと自分の言動を「正直」という基準に照らし合わせ、どれくらい逸脱したことがあるのか、また、もしその嘘が明るみに出ていたらどんな出来事が起こっていただろうかなどと想像して、「恐い」という言葉を発したものと推察されます。しかし、たとえ恐く思われても、勇気をもって自己の内面を直視し、邪《よこしま》な心を克服するという努力を辛抱強くしていかない限り、人生は決して自分で納得がいくものにはなってこないのではないでしょうか。

さて、剣道との関連では、どういうことになるのでしょうか。

ごまかし稽古もはじめは当たる。しかしすぐに止まってしまう。それでもう頭打ち。一人前にはなれない。剣道ではそれを「色」という。色を使うな、これが嘘をついてはいけないということ。

嘘をつかない、即ち正しい稽古をするとどうなるかというと、相手にだまされなくなる。相手がだまそうとしても、自分にはちゃんと持って生れた「直心《じきしん》」があるから、だまされない。だから嘘をついてはいけない。これをよく肚《はら》に入れておくことが大切だ。これが個人としても社会に立つ本《もと》であり、国家もこれが本である。人間もこれが本であるので、これを「信」とも言う。だからこの本に背《そむ》いては駄目。嘘をついてはいけないとはこういうことである。

『小川忠太郎範士剣道講話(一)』一八六—一八七頁

真心、すなわち誠意を土台とする剣道は、充実した日常生活にも通じます。しかし、これは頭で理解をしているだけでは決して十分であるとはいえません。日々工夫を重ね、修錬を積み重ねることによって初めて実現することができるようになってくるものです。禅に「直心是道場《じきしんこれどうじょう》[註一四]」という言葉がありますが、同じように、嘘偽りのない正直な心、すなわち生まれたときから持っている直心を以て、今、今、今と努めていくことが大事である、と教え導いてくれます。

註一二、表題の「五戒」は、無得庵刀耕老師が師範をされていた人間禅教団附属宏道会（千葉県市川市）の道場訓です。

註一三、刀耕先生が説かれる剣道の理念とは『剣道指導要領』（全日本剣道連盟刊、二〇〇八年）の第二章「剣道の在り方」（五頁）に示されている「剣道の理念」と「剣道修錬の心構え」のことです。

註一四、「直心が佛心佛道の行ぜられる佛道場であること。『維摩経《ゆいまきょう》』の言葉。」『新版　禅学大辞典』（大修館書店刊、一九九六年）による。また、「直心」とは「純一でまじりけがなく、きよらかな、すなおな心。菩提心（さとりを求める心）に同じ。」『仏教語大辞典』（中村元著、東京書籍刊、平成十一年第十一刷）

第九講　五戒㈡

人間は弱いものである。だから真っ直ぐ道を歩こうとしても横にそれやすい。そこで私は一つの定規を持っていたらいいと思う。定規があれば目標に向って真直ぐ行くことが出来る。定規、それを一般には「戒《いましめ》」と言う。

『小川忠太郎範士剣道講話㈠』一八六頁

前講では、人間形成の道を明らかにする意味で「剣道の理念」と「五戒」の関係について述べてみました。第一番目の戒である「嘘をついてはいけない」のポイントは、剣道も日常生活も、直心という素直な心、正直な心、誠の心、あるいは誰でも生まれたときに持っている心に基づいた言動をするということが大切であり、これによって「信頼・信用」というものが生まれてくるというものです。刀耕先生はこの戒についての講話を次のように締め括られています。

「嘘をついてはいけない」。これが剣道の極意です。剣道の極意であるけれどもこれが人間の極意。国家もこれが土台になる。

「宏道会の剣道について」八頁

さて、次は第二番目の戒である「怠《なま》けてはいけない」、すなわち「忠実」ということについてです。これは自分が担当する仕事については少しも怠《おこた》るところなく全うしていくことが大切である、という教えです。

この怠けない、という事もね、一時的には誰にでもできる。何かに気が付いて「俺はやってみよう」と思う。三日ぐらいやる。三日ぼうずで駄目になっちゃう。「怠けてはいけない」という事で難しい事が一つある。それは続けるという事。簡単なようだが離しいですよ。正しい事を続けてさえいけば、必ずそれは拓けていく。続ける。そうすると、報いなくもその結果は現れてくる。正しい事を続けていけば、自然と楽しくなる。努力にそれほど骨が折れなくなる。そこまでいけばしめたもの。怠けてはいけないと言う事は、続けるという事……。

『同上』八頁

剣道史において有名であるばかりか現代剣道に対しても多大な影響力を持っている宮本武蔵著『五輪書』を繙《ひもと》いてみると、「我《われ》兵法を学ばんと思ふ人は、道をおこなふ法あり。第一に、よこしまになき事を思ふ所」[註一五]と記されています。続いて、「第二に、道の鍛練《たんれん》する所[註一六]」とありますが、これが第二番目の「怠《なま》けてはいけない」という戒につながります。刀耕先生は、さらに加えて、直心を育てていくためには、怠けないように努めていくことが肝心であると説かれていらっしゃいます。戒の第二番目については二つの講話から興味深い部分を引用することにします。

鍛練とは実行です。つまり、怠けてはいけない。これが第二番目。だから、第一番目と第二番目ができれば、言行一致。これだけで、もう立派な人だ。お釈迦様は、「自分が思ったように言い、言った通り行なう」と言っている。釈尊と一緒だ。言行一致というわけだ。

『同上』八頁

その次は直心、素直な心を育てるためには怠けてはいけない。天才というのは努力であり、天才と言われる人は、怠けないで一つのことをやり抜く人である。剣道だったら、正しい技を繰り返し繰り返しやる。そうするとひらけてくる。これが大事。人間、怠けていると嘘を言わなければならなくなる。そういう人は、人として通用しなくなる。人間社会というのは信用で出来ている。だからこういう人は社会には通用しない。

『小川忠太郎範士剣道講話(一)』一八七頁

次は第三番目の戒である「やりっぱなしにしてはいけない」、すなわち「責任」ということについてです。これは自分がかかわることについては責任感を以て全うすることが重要である、という教えです。

次の「やりっぱなしにしてはいけない」というのは、責任を持つということ。これが出来れば、社会に出ても個人としては立派な人である。言ったことは実行する。やりっぱなしにしない。剣道でもここが大事だ。一本打って、打ちっぱなしにしてはいけない。残心、次に備える。これに欠ける人は上達しない。

『同上』一八七頁

五戒の第一条によって正直な心を養い、第二条によって忠実な心を育むようにする。そして第三条によって責任ある言動に努めるようにして、人から信頼される人になることができるように、その発心を相続していくこと。これが人間個人の形成に関する課題です。

この三つができれば、個人としては幸せな生活が一生涯出来る。運がよくても悪くてもこの三項目を貫いていけば生活が楽しくなるのである。人間はどんな境遇でも毎日毎日が楽しいということであれば、一個人としては大成功者だ。この気持を「日々是好日《にちにちこれこうにち》」といい、剣と禅で修錬した山岡鉄舟居士は「晴れてよし曇りてもよし富士の山　元の姿はかわらざりけり」とうたっている。ここまで修錬すれば人間個人としては完成されたと言えるだろう。

『同上』一八七頁

刀耕先生が懇切に教示してくださるところを反芻《はんすう》し、よく工夫を重ね、今日もまた稽古に精進して、この大事な大事な道を歩んでまいりたいものであります。

註一五、「よこしまになき事」とは「実直な、正しい道」のこと。『五輪書』「地之巻」（渡辺一郎校注、岩波文庫、昭和六十年刊）三六頁を参照。また、一刀正伝無刀流開祖山岡鉄舟が、まだ小野鉄太郎と名乗っていた十五歳のときに作ったという「修身訓二十ヵ条」の第一番目に「嘘言うべからず候《そうろう》」とある。『小川忠太郎範士剣道講話㈠』（二四二頁）。『山岡鉄舟』南條範夫著、全三巻、文春文庫⑴二四頁も参照。

註一六、「千日の稽古を鍛《たん》とし、万日の稽古を練《れん》とす。能能《よくよく》吟味有るべきもの也。」と『五輪書』「水《すい》之巻」に記されている。

第十講　五戒㈢

人はこういう戒《いましめ》を持って生活することが大事である。剣道を行なう者はこの戒を持って行なえば剣道が生きてくる。稽古がいくら強くてもこれがないと人に嫌われる。

『小川忠太郎範士剣道講話㈠』一八八頁

前二講を通して、人間個人形成にとって不可欠である「正直」、「忠実」、「責任」という人間性の涵養を眼目とする「五戒」の三ヶ条について理解を深めてきましたが、刀耕先生はこれについて次のように述べております。

この三つが本当にできればもう個人としては完成されたと言っていい。できなかったら、この三つを一生涯やればいい。私なんか、八十四で、それを一生懸命やっているが、なかなかできません。全剣連の会長に木村篤太郎註一七という人がいた。九十六で亡くなっている。九十過ぎた時に、「私は若い頃から、人間形成という事を心がけてきたが、これは容易な事じゃない。九十を過ぎてみると容易なものじゃない。だから、剣道をやる人には、若い時代に人間形成を心がけるように指導してもらいたい。」と言っていた。これは、ほんとうだ。心がけて、九十になってもまだできない。だから、よっぽどしっかりやらないといけないとね。自分の身に付くということはたいへんです。まず、とりあえず、大事なのはこの三つ。

「宏道会の剣道について」『宏道』第二十一号、人間禅教団附属宏道会刊、昭和六十二年六月、九頁

さて、「五戒」をテーマとした連講もいよいよ最後になりましたが、本講では人間社会形成と専《もっぱ》ら関係する残りの二つの戒《いましめ》についてみることにします。

第四番目の戒である「我儘《わがまま》をしてはいけない」、すなわち「敬の心」ということについて、刀耕先生は次のように説かれております。

つまり相手を立てる、相手を尊敬すること。この心が社会人となる本《もと》である。これで人間が大きく育つ。家庭でも同じ。親を立てる、親を尊敬する。社会的には相手を尊敬する。これはなかなか出来ないが、こういう項目で修錬しないと人間の幅が広くならない。

『小川忠太郎範士剣道講話㈠』一八八頁

剣道で言うとこれを礼儀という。これで社会ができる。社会秩序、社会のつながりです。これが腹に入らないと、人間の幅ができない。だから社会に出てだんだん差がつくのは、これが問題なんだ。相手を立てていくということ。二十四、五ぐらいの時は差がないけれど、そういう気持ちで三十、四十になったら自然に信頼される。

「宏道会の剣道について」九頁

つまり第四番目の戒は、対人関係においては相手となる人の人間性を尊び敬う心を前提とした礼節[註一八]を大切にすることが肝心であるという教えです。剣道は礼に始まり礼に終わる、とよくいわれますが、この礼と礼との間を貫いているものは何かというと、相手に対する「尊敬の心」であるということを、よく認識してみたいものです。

さて、第五番目の「ひとに迷惑をかけてはいけない」という最後の戒は、「博愛の心」を育んでいくことが最善であるという教えです。これが剣道、そして日常生活においてはどういうことであるのかということを、刀耕先生は次のように説いてくださいます。

> 言葉をかえていえば人を愛するということ。人に親切をつくすということ。これが大和魂の根本だ。「大和魂とは人に親切をつくす心なり」。ここまで行った人は世界に敵はない。ここが剣道の極意である。人に迷惑をかけない、人を愛するという気持で構えられると、その人の前に行くと頭が下がってしまう。ということは何かというと、そういう愛情の前に行くと、自分の持って生まれた直心、愛情が出てくる。だから打ち合いはいらなくなる。剣道もこれが極意、人間の極意もここである。
>
> 『小川忠太郎範士剣道講話㈠』一八八頁

人を愛するという事。人に親切を尽くすという事。この反対が人を泣かせるという事。親に心配をかけるという事。そういう人は伸びない。愛情というものは、人間誰でももっているんです。

人に迷惑をかけない、人を愛する。

「宏道会の剣道について」九頁

博愛の精神とは、仏陀《ぶっだ》や孔子、そしてキリストに代表される普遍の魂《こころ》です。凡俗の私たちにとってこの尊い魂を、果たしてどこまで身に育んで実践していくことができるのでしょうか。しかし剣道に志すからには生涯にわたる修行を通して、いくばくかでもその実現をめざす道を歩んでいかなければならないのではないでしょうか。その理由に一言言及させていただくなら、剣の道に志す者である以上、夢として剣の極意を少しでも極めてみたいと願う気持ちがあるからというだけでなく、私たち人間は誰しもが幸せな人生を希求してやまないからなのです。

剣道は何をやるのかというと、剣道は人間をつくることである。どういう人間であるかというと、この五ヵ条が出来るような人間になる。この五ヵ条はつめればどこにゆくかと言うと直心にきちゃう。この五つを守っていけば、生まれたときに持ったままの人間の本心というものが、ずうーっとこの五ヵ条によって養われてゆく。この五ヵ条をよく養えば、何をやっても出来ないことはない。

『剣と禅　小川忠太郎述』人間禅教団出版部刊、昭和六十年、一一二頁

刀耕先生によれば、剣道の理念における人間形成の道とは「五戒」を実行するために歩む道と同じである、ということです。そこで、わずか六十字余りの教えですが、これを掘り下げてみよ

うとして三講を連続してこのテーマにあててみました。その奥の何と深いことかと驚かれたかたが多いのではないでしょうか。どうかそれだけに留まらないで、「五戒」による人間形成の道を明日の稽古においても、また日常生活の上においても、是非工夫してまいりたいものであります。

註一七、木村篤太郎《とくたろう》、一八八六（明治十九年）～一九四二（昭和五十七年）。吉田茂内閣時代の法務大臣、全日本剣道連盟初代会長（昭和二十七年～昭和四十七年）。著書に『卆翁百話―文と武の遺文』（島津書房刊、平成元年）がある。

註一八、「礼節」については、堀籠敬藏著『剣道の法則』（体育とスポーツ出版社刊、平成十四年、四〇頁）の次の記述が参考になる。〈…へりくだるときが「礼」、おごりもへつらいもない、程よいのが「節」と言っている。この礼節のもとになるのが、こまかい心づかいや心からなる隣人愛であろう。「自分にされて嫌なことは、他人にもするな」、また「我が身をつねって人の痛さを知れ」、さらに『論語』にある「己れの欲《ほっ》せざる所は人に施すこと勿《なか》れ」という心づかいである。〉

第十一講　発心、決心、相続心

発心、決心は誰でもするが、これが続かない。百人が百人続かない。難問題にぶつかると引いてしまう。そうではなくて難局は引かずに出て受ける。正対する。脇にそれない。

『小川忠太郎範士剣道講話㈢剣と道』九六頁

刀耕先生は、七十二、三歳の頃に右半身が全部利《き》かなくなり、もう駄目かと思うことがあったのだそうです。そこで、それまで線香一本、一時間の坐禅をされていたのを、もう一本増やして坐ろうと決められたのだそうです。一本でもう体が痛くてたまらない。そこを、「尭《ぎょう》[註一九]何人《なんぴと》ゾ、舜《しゅん》[註一九]何人ゾ、彼モ人也、我モ人也」という気概《きがい》をもって、グーッと坐りきられたのだそうです。

このようにもう一炷香《いっしゅうこう》を坐ってみようと思うことが発心《ほっしん》であり、毎日二本ずつ二時間坐るぞと決めることが決心、そして丸五年怠らずに続けるという心を相続心といいます。これによって七十五、六歳の頃から体の調子も良くなり、それから剣道もズーッと上がったと、刀耕先生は八十五歳のときの講話[註二〇]で述べておられます。

さて、発心とは、禅道では菩提心《ぼだいしん》を起こすということを意味しますが、一般的には、プラスの内容のことをしようと思い立つことをいいます。それをしようと決めることが決心であり、また実際に続けることを相続心といいますが、この続けるということが最も重要であるとともに、また最も困難なことでもあります。というのは、持続をするためには弛《たゆ》まない努力がいるからです。

剣道の世界における例を一つ挙げますと、「素振り一生」という言葉があります。これは刀耕先生の『剣道講話』にも出てきますが、範士九段の故佐藤忠三先生[註二一]の青春時代にまつわる話が元になっています。山形県の鶴岡から京都武道専門学校[註二二]に入学した佐藤青年は毎晩素振りをやろうと思い立ったのだそうです。そして毎晩みんなが寝てから素振りを六百回ずつやった。そうして一年、二年と続けていくうちにいつしか剣道の本体である構えが出来上がり、三年生になったときには友達が子どものように見えたということです。

続けるということには、これくらい重い意味があるのです。また、こういう経験談は若い人にも大いに参考となるのではないでしょうか。素振りの工夫一つで剣道の腕前がグーンと上がるというわけですから。

佐藤忠三範士はこのときのことを次のように述べていらっしゃいますが、これは誰にでも応用することができる剣道上達の秘訣であるといってもよいのではないでしょうか。

毎夜就寝の消燈になってから一人床を抜け出て道場に行き、丸裸になり、素振り六百本をし、後道場に座り気を鎮めて帰り就寝した。これは続けなければ意味がないと毎夜一年間一日も休まず毎夜六百本振ることを怠らなかった。長い休暇には家の庭で、雨降りには座敷で六百本乃至千本ずつ振った。……本当の強さは此処にあるのではなかろうかと独り合点して、二年生からは六時の起床を五時に起きて道場で今迄通りに六百本ずつ振ることにした。此頃から次第に試合にも負けないようになった。

「素振りの生涯」、『現代剣道百家箴』全日本剣道連盟刊、昭和四十七年、七四―七五頁

しかし、いくら善いことをしようという発心であっても、三日坊主という早期計画倒れとなってはいけません。三心の中で一番難しいといわれる相続心を続けるのにはコツがあるのです。それは、太く短くというのでは決してなく、最初は細く長くということを心掛けることなのです。あとは、ただ続けるだけでよいのです。これは正しい意志の持続、すなわち、正念相続の修行をすることでもあるのです。これは努力によって初めて実現可能となるものであり、まさにこの努力こそが、人知らずして自分自身を向上させる尊い行為となるのです。

刀耕先生は、冒頭の言葉に続けて、次のように述べて私たちを励ましてくださいます。

脇にそれると難局が追いかけてくる。しまいには難局に負けてしまう。道の修行に志したら最後までやり通すという相続心がもっとも肝要である。これが剣道の指導理念につながる。

「誠を尽して常に自己の修養につとめ」の常にというのが相続心ということ。不退転の勇猛心をもって相続さえしていけば「国家社会の平和繁栄に寄与」することができるのである。

『小川忠太郎範士剣道講話㈢剣と道』体育とスポーツ出版社刊、平成五年、九六頁

註一九、「尭」も「舜」も、ともに古代中国の伝説上の聖天子であるとされる。この言葉に馴染みのないかたは、別な言葉に置き換えて気概を養うのも一法です。

註二〇、昭和六十年の武道修錬会（内原、無心堂）における講話録より。貴重な所蔵資料の提示をしてくださった日本武道修錬会会長・加藤達人氏に感謝いたします。

註二一、「第三講」註五（二〇頁）を参照。

註二二、一般的に「武専」といわれるが、正しくは「大日本武徳会武道専門学校」である。

第十二講　段取り、真剣、締め括り

事之未成《ことのいまだならざる》　小心翼々《しょうしんよくよく》
事之将成《ことのまさにならんとす》　大胆不敵《だいたんふてき》
事之已成《ことのすでになる》　油断大敵《ゆだんたいてき》
右《みぎ》数《すう》語《ご》海《かい》舟《しゅう》翁《おう》座《ざ》右銘《ゆうのめいとす》

無得庵小川刀耕

『大悟は日常の茶飯なり　正法眼蔵』酒井無刀他編、内原夜話編集室刊、一八〇A頁

冒頭の言葉は、剣道の修行において常に工夫するべき大事な心構えを示したものです。これは幕末から明治維新にかけて活躍した勝海舟が座右の銘にしたものですが、実は、刀耕先生ご自身もこの言葉を座右の銘として工夫をし、剣道の修行に励まれる時代があったのです。

さて、第一番目は、単に「段取り」と呼ばれることもありますが、これについて刀耕先生は次のように述べております。

事を始める前に先ず《ま》、〝小心翼々[註二三]〟、細かく総《すべ》てにわたり、更に最悪の場合も考えて計画を立てる。一日の計、十年の計、一生の計と、ここに欠陥があれば戦争なら国を亡ぼします。剣道なら〝敵を只《ただ》打つと思うな身を守れ自ずから洩《も》る賤《しず》が家《や》の月〟というところです。

「剣道と人間形成　剣道を学ぶ少年たちの父母に語る」
『躋壽堂』躋壽堂剣道場刊、昭和五十八年、一六頁

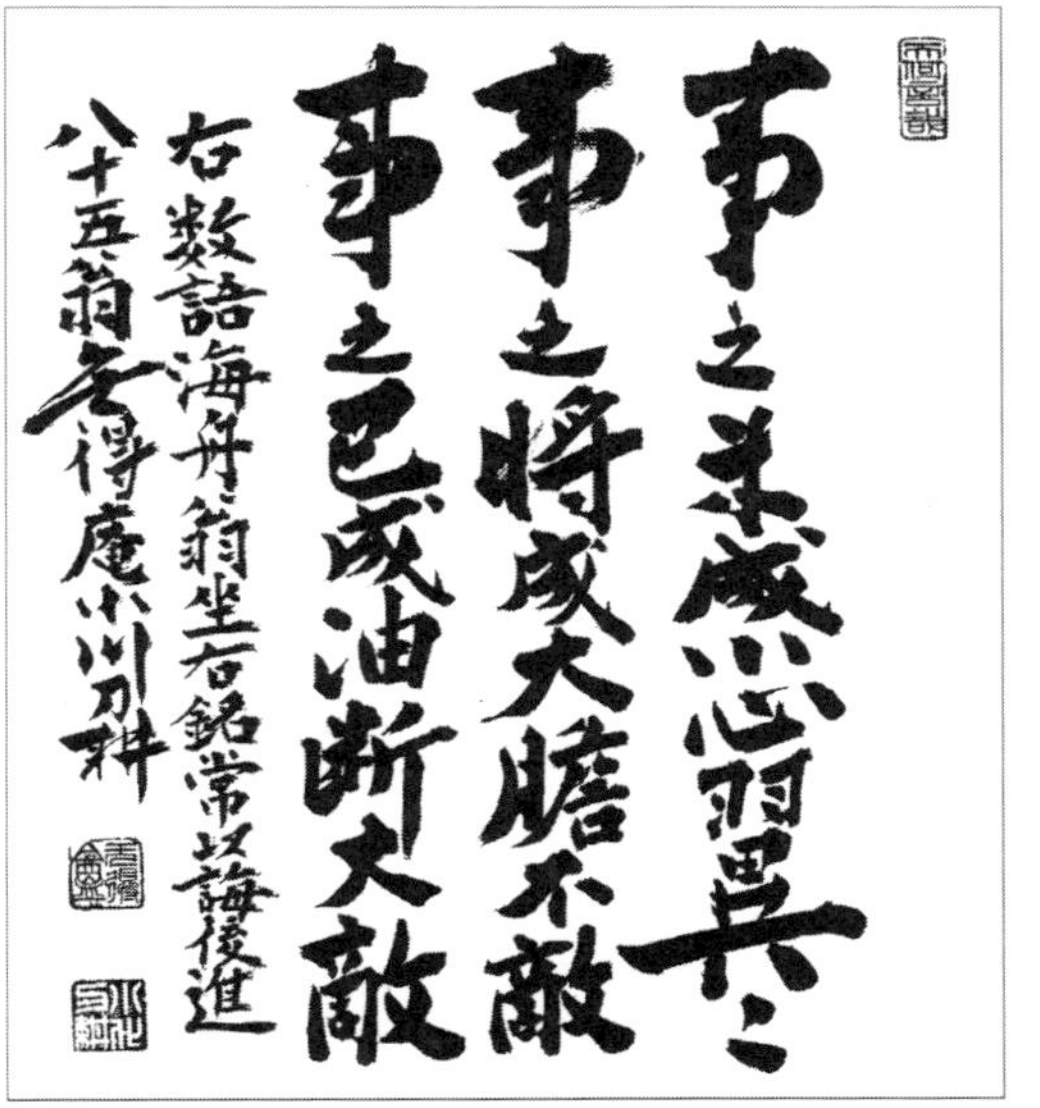

解説を加えるまでもないことですが、この剣道の話は、遠間から相手を観察しつつ交刃の間に迫るまでのところに焦点があてられています。いくら相手に接近するといっても、いたずらに近寄っていったのでは打突の成功はおぼつきません。そこで、注意深く相手の虚実を観察して好機をとらえるようにすることが大事である、というのが極意歌の教えてくれるところです。

話題を日常生活のことにあてはめてみましょう。もし何らかの事業について将来構想があるとすれば、その実行可能性や結果がもたらす成果をはじめ、その他のことについてもあらゆる角度から綿密に検討し、なおその上にも考慮を重ねるという慎重な接近法がポイントになります。さもないとせっかく立てた大事な計画も、中途で挫折してしまうという残念な結果を招くことになってしまいます。剣道でも日

常生活でも、やり直しのきかない真剣勝負の成否は、いうまでもなく、ひとえにこの「段取り」の出来、不出来によって大きく左右されるからです。

次に、第二番目は、簡潔に「真剣」とも呼ばれますが、この心得について刀耕先生は次のように説いてくださいます。

事が将に成ろうという時は、〝大胆不敵〟、身を捨てて飛び込むというところです。計画が万全でも実行に当たって躊躇《ちゅうちょ》すれば事は成りません。剣道なら、〝切り結ぶ太刀の下こそ地獄なれ一足進め先は極楽〟という所です。

『同上』一六頁

慎重の上にも慎重に計画をよく練ったならば、機を見て取りかかる実行は、「飛びこんだ力で浮かぶ蛙《かわず》かな」という決断と捨て身の精神《こころ》で臨むことが肝要である、という教えです。

段取りの良い人は段取りが良くても真剣味が欠けていたり、あるいは真剣味がある人であっても逆に段取りがないために、すぐ飛び込んで打たれてしまうということがよくあります。それゆえにこそ段取りができているということと、真剣になりきっているという二つのことが、剣道においても日常生活においても、大変重要な要素になってくるのです。

最後に、第三番目の「締《し》めくくり」とも呼ばれる心得について刀耕先生は次のように説いていらっしゃいます。

事が成功したあとも油断するな。〝油断大敵〟、油断をするとそこを打ち込まれる。剣道なら残心というところです。

徳川家康が長久手の役で勝って、みんなが勝った勝ったと言うときに「勝って兜の緒を締めよ」と言ったというから名将です。偉い教えです。

『剣道と人間形成　小川忠太郎語録』五十周年記念誌、東京都世田谷区剣道連盟刊、平成十五年、一一頁

これは前二者に勝るとも劣らず重要な心得です。剣道の打突や事業の計画が実行に移されたら、それでもう事は終われりとするのでは決してなく、終了した行為の結果に対してもなおしばらくは身構え・気構えを怠らないようにすることが肝心である、という先哲の教えです。

ところで、幕末から維新にかけて活躍した西郷隆盛が、本講のテーマとの関連で、人生の要諦《ようてい》を喝破《かっぱ》した実に興味深い言葉を残しています。

「人の成功は自分に克《か》つにあり、失敗は自分を愛するにある。八分どおり成功していながら、残り二分のところで失敗する人が多いのはなぜか。それは成功がみえるとともに自己愛が生じ、つつしみが消え、楽を望み、仕事を厭《いと》うから、失敗するのである」

『代表的日本人』内村鑑三著、鈴木範久訳、岩波文庫、一九九五年刊、四一頁

冒頭の言葉とよくよく考えあわせてみると、江戸城の無血開城を成し遂げた勝と西郷という東西の両巨頭が本質的には同じことを説いているように聞こえてきますが、これは何と興味深いこ

とではありませんか。また、刀耕先生も右の洞察について次のように述べていますが、これによって私たちの大先達が一体どんな素晴らしい人生観によって物事を観ていたのかということがよくわかるのではないでしょうか。

西郷さんは「道は天地自然の道なるゆえ、講学の道は敬天愛人を目的とし、身を修するに克己を以て終始せよ」と言っている。そして事業を始める人は多いが、その事業の十のうち七、八分まではやっても、残りの二分を最後まで成し遂げる人は稀だと。

それは、初めは一心になってやるから成果も上がるが、ある程度成功して名前も知られるようになると、おごりやたかぶりなどが出てくる。そうした雑念が出てくると、それが邪魔をして一念をつらぬくことができなくなってしまう。結局、自分で自分に負けてしまうのである。

また西郷さんは「人を相手にせず、天を相手にせよ。天を相手にして己を尽し、人を咎《とが》めず、我が誠の足らざるを尋ぬべし」と言っている。克己、克己で「己を尽す」ことがいかに大事であり、またいかに難しいかということである。

『小川忠太郎範士剣道講話㈢剣と道』四一頁

人世の理《ことわり》を穿《うが》ったこうした金言は、剣道のみならず、まさに人生のあらゆる方面にわたって応用がきくものであると思います。もし私たちが「段取り、真剣、締め括り」という三段の行動力を身に付けることができれば、きっとこれからの人生がますます充実したものになっていくのではないでしょうか。

註二三、「小心翼々」は現代語においては「気が小さくて、びくびくしているようす」を指すのに専ら用いられています。しかしまた「細かいところまでよく気をくばり慎み深いようす」という意味もあり、本講で話題としている「小心翼々」は後者の意味に解釈するのがよいと思います。ちなみに、『学研漢和大辞典』によれば、中国の古典『詩経』（大雅・大明）にこの意味で文王という名君を称える「維れ此《ここ》の文王、小心翼翼（維此文王、小心翼翼）」という表現があります。

第十三講　上達の鍵

剣道は同じ相手でも何時も同じには使えぬ。切先、間合、気合等をよくよく工夫してやると上達する。考えなしにやってはだめ。

『百回稽古　持田盛二範士十段―小川忠太郎範士九段』体育とスポーツ出版社刊、平成十二年、一二三―一二四頁

表題の言葉は、刀耕先生が稽古日誌に書き残されている持田盛二範士[註二四]の言葉です。持田範士といえば「昭和の剣聖」とも称えられ、剣道史上決して忘れてはならない偉大な剣道家の一人です。その偉大さの一端を証明するものであると思いますが、刀耕先生は持田範士の優れた人格について次のように記《しる》されています。

先生は警視庁の稽古で同じ人と二十分も三十分もやるということをしない。初めから、一本勝負。一本となると真剣味が違う。真剣勝負に近い。そして打たれると、欠点を教えてもらったと喜んで反省し研究する。そして二度と同じところを打たれない。謙虚で正しい心をもっている上に、こうした努力を怠らないから強くなるはずである。

『小川忠太郎範士剣道講話㈢剣と道』八八頁

持田先生や刀耕先生のこうした素晴らしい上達の秘訣は、ただ頭で理解をするだけではなく、早速自分の稽古に取り入れることができるようにするために、具体的な稽古方法の改善努力をしてみる必要があるのではないでしょうか。

ポイントは、もちろん、稽古のやりっぱなしという態度を改めることが第一番です。しかし、その前にまず自分が一体どのような稽古への取り組みをしているのかということを点検《チェック》してみるのがよいのではないでしょうか。あまり知られてはいないことだと思いますが、『百回稽古』註二五には稽古の等級《ランク》についてこんなことが記されているのです。

稽古前の工夫――考えないで稽古する事は無駄な稽古となる。今日はどんな風に使おうかと考えて使う事はそれよりは上。

更に上は、どんな風に使おうと考えないで、道具をつけ、スッと叉手当胸の自然体で道場に立つ。そうすると第一人目より少しも頭を使わずに相手を照らして相手に応じた技が出る。これが剣道の根本である。

『百回稽古』七〇頁

稽古前の工夫をするということは、前講で学んだばかりの用語を使えば、段取りに当たります。これから稽古に臨むというときに、その心構えの内容によって三つの異なるランクに分類されていますから、自分の稽古を自己点検するのに大変参考になると思います。

まず、事前の工夫をまったくしないで臨む稽古は「無工夫・不自然型」の稽古であるとしてよく、これは最低のランクです。昔から「無理・無駄・無法」のある不自然な稽古はよく戒《いまし》められているところですが、こういう大事な点にまったく頓着《とんちゃく》しないというのでは、いくら稽古を積んだとしても、上達は決して容易なことではありません。

これよりも上位にあるのが「工夫型」の稽古です。前回の稽古の不足点を多少なりとも反省・工夫し、その上で新たな稽古に臨もうとするタイプです。こういう努力をする人にはきっと向上が約束されることになるはずです。

最上級は「無工夫・自然型」の稽古であるということです。これは単に工夫をしないで掛かるだけではなく、叉手当胸《さしゅとうきょう》[註二六]という禅の大工夫を本体に宿しているという非常に高い境涯の稽古です。

さて、道楽として続けている愛好者の稽古であれ、専門家を志向して高段者への道を歩む者の稽古であれ、剣の道に勤《いそ》しもうとする限り、上達という課題は常に行く手に控えています。刀耕先生が「よくよく工夫をせよ」と啓示されているところは、稽古の大基本です。これは単に剣道のみならず他の芸事や、さらには日常生活のあらゆる方面にも応用が利くものです。あまりにも身近にあって、当たり前すぎて、本当に大事なことに気が付かないことを「眉毛眼上《びもうがんじょう》に横たう」と禅ではいいますが、上達に向けて取るべき道は、もはや歴然としているのではないでしょうか。

最後に、元立に立つ者の上達の心得として、刀耕先生は次のように記されています。

昔から言われているが、相手に打たれたのは筋が通っていれば、軽くも参ったと言い、自分の

は十分でも不十分という考え。こういう謙虚な心構えでやると剣道は上達する。又こういう事が無言の教育となる。

相手に打たれるのは自分の弱点を教えてもらうのだから有り難い事だ。

『同上』二四頁

註二四、一八八五（明治十八年）～一九七四（昭和四十九年）。範士十段、紫綬褒章受章、北辰一刀流、大日本武徳会武術教員養成所本部教授、御大礼記念昭和天覧試合（昭和四年）指定選士の部優勝、警視庁剣道師範。

註二五、第十七回目、昭和三十年四月二十二日の箇所。このとき、持田範士は七十才、そして刀耕先生は五十四才であった。

註二六、叉手当胸の自然体とは、引用に続く記述に、「**足腰、切先が生き、肩と手の力がぬける。そこから自由の技生る**」とある。また、叉手当胸は、禅の修行でおこなわれる経行《きんひん》と呼ばれる動作と深い関係があるが、ここでは詳述を避ける。興味のあるかたは、『百回稽古・註』（別冊）の註八三を参照のこと。

第十四講　剣道と人間形成

個人形成を指導理念にあてると、「剣道修錬の心構え」の中の「誠を尽して常に自己の修養に努め」これである。真心で自分の修行を尽す。これが個人形成。目標は「誠」である。

『小川忠太郎範士剣道講話㈠』九六頁

本講のテーマは、剣道の修行によって達成される人間（個人）形成の意味とは何かということです。が、その前に「剣道の理念」が昭和五十年（一九七五）に全日本剣道連盟により制定されたときの経緯について少し触れておくことにします。

剣道は、昭和二十年（一九四五）の太平洋戦争終結以後しばらくは占領軍の総司令部《GHQ》によって全面禁止されていました。しかし関係者の努力が実り、昭和二十七年（一九五二）十月に全日本剣道連盟が発足し、日本伝剣道は再スタートを果たすことになりました。ところが遺憾《いかん》なことに、その後約二十年の間に、「当てっこ剣道」と批評される現象が全国的に蔓延《まんえん》するようになったのです。

この状況を憂慮した全剣連は、剣道並びにこれをおこなう人びとの健全な成長と発展を願い、どういう意義・目的によって剣道の修行をおこなうのかということをすべての剣道人に対して明らかにしようとしたのです。そして当時の首脳部の総力を挙げて「剣道の理念」を生み出したのでした。その様子は、次の苦労談によって垣間見ることができるのではないでしょうか。

その時会長が石田（和外）さんで、「誠」と「修錬」の二つを入れてくれと言った。名誉会長だった木村（篤太郎）さんは「旺盛なる気力」と「信義」を入れてくれと言った。これらはみんな入っている。だから十人の委員[註二七]だけではなく、将来の根本になるものだからということで、総力で作ったわけだ。

『同上』九六頁

さて、指導理念の制定以来三十五年もの歳月が経過しますが、正しい剣道の普及を願う人びとにとって、相変わらずはびこってやまない試合偏重・勝利至上主義の剣道という批評[註二八]が聞こえてくるのは大変残念なことです。

かつて刀耕先生は、事あるごとに「剣道の理念」の重要性について説かれましたが、今やもう一度私たちはその重要性について認識を新たにする必要があるのではないでしょうか。もし、試合の勝ち負けだけではない、もっと大きな剣道の意義である「正しく、楽しく、仲良く」ということに気がつくことができれば、どんなに素晴らしいことでしょうか。

二十一世紀の剣道をどうするかということだが、先ず結論を言うと、全剣連の指導理念「剣道は剣の理法の修錬による人間形成の道である」を実行していけばいい。…〈中略〉…これを空文にしておかないで実行していけばいい。これが剣道の大目的でもあるから。

その大目的とは何かと言うと、指導理念にあるように「人間形成」。そしてこの人間形成を二つに分けると「個人形成」と「社会形成」、これに尽きる。（傍線著者）

『同上』九六頁

剣道とは、打った・打たれたという現象のためだけにするものではなく、世の中のために役立つ人になることができるように人間形成をするという尊い活動であるということをまず理解していただきたいものです。これは私たちの先達が実際になし遂げた非常に高い文化活動であると思います。そしてその目的に向けて精進をしていくことは、同時に充実した日常生活を送るための実力を養っているのであるということも是非知っていただきたいものであると思います。

刀耕先生は、果たしてどういう稽古をめざせば人間形成の道を歩むことができるのかということについて、冒頭の文章に続けて次のような大事なヒントを与えてくださいます。

この「誠を尽して常に自己の修養に努める」これで人間形成は終りだが、今、実際はどうかと言うと、もうそんなことは関係なくて、ただ勝った負けた、強い弱いを争っている。自分に対してではなくて、自分はお留守で、相手に対して、その相手を打ったとか打たれたとか、そういう問題。だが「誠を尽す」というのは相手の問題ではない。自分の方へとってかえす。剣道の修行を自己にとってかえす。自分を磨くということ。ところが今は、自分はそっちのけで、相手を打つことばかり考えている。試合になれば、あの審判はどうだとかこうだとか、そんなことばかり。結果ばかり考えている。だから今の剣道はやればやるほど分からなくなってしまう。ところがそうではなくて、「誠を尽す」ということで自分の方へとってかえせば、自分の問題だから、やればやるほど深くなる。そしてそれが人間の生活の根本になるんです。だからこれ一つでいい。（傍線著者）

『同上』九七頁

どうか刀耕先生が説かれるところを熟読玩味《がんみ》されて、剣道をするということに自ずから内包されている普遍的な意義を感得していただけるように切望いたします。そしてより多くの人びとが人間性の養成という目標に向かって正しい剣の道を、楽しく、仲良く歩んでいかれることを願ってやみません。

註二七、「十人の委員」とは、全剣連が昭和四十六年（一九七一）に設けた剣道指導理念委員会のメンバーを指す。『三十年史』（全日本剣道連盟刊、一九八二）によると、松本敏夫（委員長）、堀口清（東京都）、小川忠太郎（東京都）、玉利嘉章（東京都）、中野八十二（東京都）、湯野正憲（東京都）、大島功（東京都）、井上正孝（神奈川県）、小川政之（京都府）、広光秀国（福岡県）、笠原利章（東京都）という十一名の委員構成であった。

註二八、たとえば、全剣連相談役・森島健男範士著「正師を得て」（全剣連発行『剣窓』、平成十五年三月一日号、三三頁）を参照のこと。

第十五講　先入主

世間で、「先入《せんにゅう》、主となる」ということがある。先に入ったものがその人の本になる。先入主というでしょ。これは大事なことですよ。

日本武道修錬会（昭和六十三年九月、水戸市日本農業実践学園「無心堂」）における講話録より

本講では、剣道を正しく習うということはどういうことであるのか、ということについて、「先入主」という切り口からみてみたいと思います。

誰でも習い始めの時期は剣道についてまったく白紙の状態ですから、教えてもらう基本知識がまるで砂地が水を吸うかのように心の中に吸収されていくものです。しかし、大事なスタートの時期に選択の余地なく心に染《し》み込んでいくものが、その習技者の将来にとってどのくらい大きい影響を及ぼすことになるのかという問題は、意外に等閑に付されていることがあるものです。

初心者が真剣な眼差しで基本を習う姿は実に好ましく思えますが、他方、これとよく似ているとはいうものの別な光景に遭遇して、ふっと疑問を覚えることがあります。ここでは素振りの仕方を例に取ると、幼少年の基本指導の一つに、竹刀の峯《みね》に当たる弦《つる》が背骨に触れるまで後方に深く振りかぶらせる方法があります。これは初心者に刃筋が真っ直ぐな振り方を自得させるためにおこなわせるうまい方法であると思います。しかしながら、この振り方は入門期の一時的な便法

であるにもかかわらず、剣道歴が十年以上もあり、しかも腕前が二段、三段クラスの学生が、幼少年時代に習ったのと同じ素振りを熱心に続けているのを見ると、当惑感を覚えるものです。なぜかといえば、それでは正しい手の内を養っていくことが大変困難になってしまうから[註二九]です。習う者の白紙の大脳に最初に染み込む知識、すなわち先に入ったものが心の主《ぬし》になってしまうということについて、刀耕先生は次のように説いていらっしゃいます。

殊《こと》に若い人はこれで人間が決まってしまう。小学生時代からね、良いものが入ってしまうと、社会へ出ていろいろなものが交わっても、良いものが入っているから、それに冒《おか》されない。先に良いものを入れる。本物を。それも小学校時代が大事。

これを入れ損なうと、もう後で非常に苦労する。苦労をしても替えられない。こりゃあ土台になるんだから。

同上

昔から「金《かね》の草鞋《わらじ》を履《は》いても良い師匠を探せ」と諺《ことわざ》にいわれる通りです。しかし、誰しもがいつでも最高の指導者の教えを受けることができるというわけではありません。昔も今もそうですが、好むと好まざるとにかかわらず、少なくとも技術的には二流、三流の指導者に習わざるを得ない状況も実際にはあるのです。

そのような環境において剣道を習い始め、二十五年も稽古を続けてきたという三十九歳、剣道五段という修行熱心な人が、刀耕先生に稽古をお願いしたことがありました。稽古の後の講話では、その人の構えについて触れ、右手に力が入り、右肘、右肩と力の入った様を真似《まね》して見せて、「こんなのは剣道じゃあない！」と一喝されたのでした。

さて次は、翌朝の坐禅の稽古に続く講話からの引用です。

先入。もう、ある程度までいって、悪いものが先に入ってしまうと、自分で直そうと思っても、それが頑張っているから、駄目なんだ。

剣道で、昨日、静岡の人に注意したがねぇ、こういうものが先入になっちゃっているから、いくらやっても、駄目だ。

それは、正しい切り返しを、小学校の時にやっておけば、何でもないんだ。ね、それくらい恐ろしいものですよ。いくら骨を折っても、駄目だ。

それを、今朝、話しておきますからね。骨が折れても、そういう若いときに、良いものをグーッと。そして、それもね、できればずーっと。

同上

剣と禅の警策に打たれた件《くだん》の剣士が、その後どうなったのかということについて、まことに興味は尽きません[註三〇]が、ここでよく確認しておきたいキーポイントは、先入主の怖さです。

結局、剣道を正しく習うということは、たとえ悪玉の先入主のせいで知らぬ間に身に付けてしまった悪癖であろうとも、それから眼を背けない勇気を持ち、剣の理法に自分の剣道《こころ》を照らし合わせつつ、これを克服していくという努力を重ねることに他なりません。そして、未在《みざい》、未在と

茨城県水戸市内原町にある日本農業実践学園武道場「無心堂」

一歩ずつ、一歩ずつ人間形成の道を歩んでいくことであると思います。

註二九、もっと深い洞察については後続する第十九講で触れることにしますが、とにかく振りかぶる度ごとに左右の小指の付け根の部分とそれに連なる掌《てのひら》が柄から離れてしまい、また振り下ろすときには右手、右肘、右肩に力が入り過ぎてしまうことになり、皮肉なことに、正しい剣道に精進しようとして望ましくない癖を身に付けることになってしまうからです。

註三〇、刀耕先生に一喝されたばかりでなく、また警策でも打たれた剣士は、苦節十年の精進により剣道教士七段となり、なお今日も刀耕先生が説かれる人間形成の剣道をめざして、未在、未在と精進に勤めておられるとのことです。

第十六講

一期一会の稽古

今後、持田先生に願う心境は、この稽古が最後の稽古と思う事と、今一つは先生を拝む心、即ち合掌の心で願うべし。之が手に入れば、剣道は極意に徹底したのだ。剣は技ではない。

『百回稽古』四三頁

稽古熱心な社会人剣士のみなさんは、仕事の合間を見つけては好きな剣道の稽古に励んでいらっしゃるものと思いますが、一回ごとの稽古にどのような心構えで臨んでいらっしゃるのでしょうか。冒頭に引用した刀耕先生の言葉は、この疑問に対する解答を工夫するにあたり、大いに参考となるのではないでしょうか。

まず、重要な表現の一つである「この稽古が最後の稽古」ということについて考えてみたいと思います。当時、六十九歳の持田盛二範士に対し、五十三歳の刀耕先生は無常観を以て稽古に臨まれようとされていた覚悟がよく表されている言葉であると思います。茶禅に「一期一会」という言葉があります。これは「人との出会いは一生にただ一度限りである」という意味であり、千利休の高弟であった山上宗二《やまのうえのそうじ》（一五四四〜一五九〇）が「一期ニ一度ノ会ノヨウニ」といったのがはじめであるそうです。また、幕末の茶人でもあった大老・井伊直弼《なおすけ》宗観（一八一五〜一八六〇）は、

抑々《そもそも》茶湯の交会は、一期一会といひて、たとへば、幾度おなじ主客交会するとも、今日の会にふたゝびかへらざる事を思へば、実に我が一世一度の会なり。

『茶湯一会集』

と述べています。この観点から刀耕先生の言葉を考えてみると、次のようになるのではないでしょうか。剣道の稽古も一期一会であり、持田範士との稽古が今後何十回続くことになろうとも、今日願う稽古は二度と再びやり直しをすることができない一生に一度のかけがえのない真剣の稽古である、と。

また、「この稽古が最後の稽古と思う事」という心は発心と名付けてもよいように思いますが、禅には

発心《ほっしん》正しからざれば万行《まんぎょう》空しく施す。

道元禅師著『学道用心集』

すなわち、発心といってもその内容が正しいものでなければいくら熱心に修行に励んでみても、

結局は無駄であるという意味の厳しい言葉です。すでに禅道において高い境地に進まれていらっしゃった刀耕先生は、まさにこの言葉どおりに心を正して不惜身命《ふしゃくしんみょう》の心で稽古に臨まれようとされていたのでありました。

次にもう一つのキーワード「先生を拝む心、即ち合掌の心で」ということについて考えてみましょう。これは一期一会の稽古に向けて、さらに一体どのような心を以て臨めばよいのかという問題として捉えてみることができます。禅では余分な煩悩を一切払拭し三昧境に入ることを不惜身命とも捨身《しゃしん》ともいいます。しかし捨身《すてみ》の稽古といえば、国語辞典にもないやけくそで、もうどうなってもいいという相手を無視した乱暴な稽古のことであると誤解されていることがよくありますが、決してそういうものではありません。そういう雑な精神のもとでおこなわれる稽古とはまったく正反対の「拝む心、即ち合掌の心」でというのは、直心をもって臨むということなのであります。このような解釈はどこからくるのかといえば、剣道における一本の技についての洞察を説かれている次の言葉から明らかであるように思われます。すなわち、刀耕先生によれば、一本の技は「段取り、真剣、締め括り」という三段階から成り立つものとされ、次のように説かれているからです。

この三つを貫くものは「一」であり、その「一」は至誠であります。剣道のわざは、一本一本が至誠の源から発してこそ、ほんとうに自己に納得がいけるのであります。

『剣と禅　小川忠太郎述』一一四頁

さて、日誌によると、刀耕先生は数日後の稽古の折に、胸に秘めた大事な発心であるとともに決心を持田範士に表明されていますが、この師弟の対話には感銘を覚えずにはいられません。

「先生にお願いする時は、最後という事と相手を拝む心でお願いしています」と言うと、「そこです。三、四分でよいからやりましょう。まだもう少しは自分は稽古が出来るから遠慮しないでやって下さい。小川さんはよい面を持っている」

『百回稽古』第七回目（昭和二十九年十二月十九日）四五頁

無常観というものは、三十代まではまだ実感として湧いてこないことかもしれませんが、人生も五十歳の峠を越すと、年ごとに速度を増して体力が衰えてくる現実に直面し、当惑することがよくあります。また、ふっと行く先に死を予感し、時は確実にその方向に向かって流れていると直覚することがあるものです。死生観の意識とは実に不思議なもので、そうなると急に、今までの稽古内容が気になりはじめるものです。ただ打った・打たれたというだけの事柄に終始した稽古を漫然とくり返しているだけで果たしていいものだろうか、という気持ちにふと襲われます。そのようなときに遭遇した冒頭の刀耕先生の言葉には、まるで心の目から鱗《うろこ》が落ちるような感銘を覚えたものです。

残された生の時間が自分にとってかけがえのないものであると気が付くと、一度の稽古に対し、これが最後の稽古であると思って臨むように自ずから稽古態度が改まり始めたことに気がつきます。すると今度は、いつも稽古の相手をしてくださるかたも事情は同じであると悟ることができ、限りある貴い生の時間を分かち与えていただけることに、有難しと手を合わせて拝む心が自ずと生じてくるものです。

この人間形成をめざす修行は一年や二年で終わるというようなものでは決してありません。五年、十年、二十年……と至誠を以て、生の続く限り不退転の覚悟で努めるべきものであり、大事な剣道と人生の基本姿勢であるといえるのです。

冒頭の引用文にある「拝む心、即ち合掌の心」という剣道の極意について、刀耕先生は次のように説いていらっしゃいます。

禅に「瞋拳《しんけん》笑面を打せず」という句があるが、これは合掌の精神である。瞋《いか》って握り拳《こぶし》を固めて、赤ちゃんを撲《なぐ》ろうと思っても、赤ちゃんがニコニコ笑っていると、振り上げた拳が降ろせない。

この話をかつて持田先生にしたら、「小川さん、剣道でそこへ行けるかもしれない」と。先生の心境は高い。ここが最高の十段位である。

…〈中略〉…

ある人が、自分は三段までの人には打たせるが、四段以上をつかうときには、初太刀一本を取って、あとは絶対に打たせないといったのを、持田先生が傍らで聞いておられて、「私は、初段の人が来たら初段と同じように、五段の人と願うときは五段と同じように、また九段の人となら九段と同じようにつかいたいと思っている」と言われたことがある。

これが相手を拝む稽古ぶりであって、事事無礙法界のつかい方である。

初段の人が来たら、自分も初段になって拝む。五段の人となら自分も五段になって、九段の人となら自分も九段になって、相手に合掌することである。

これを不二（ふに）という。自分と相手とは二つであるけれども、二にして一である。

『小川忠太郎範士剣道講話㈡不動智神妙録』三八―三九頁

第十七講 直心是道場

直心とは素直な心、正直な心、誠と言ってもいい。
これは人間なら誰でも持っている人間性。
この人間性を見失わないように修行する。
これを「直心是道場」と言う。

『小川忠太郎範士剣道講話㈠』一五五頁

「直心是道場《じきしんこれどうじょう》」といいますが、これは維摩経《ゆいまきょう》というお経の中にある言葉です。その昔、光厳《こうごん》童子という人がいたそうで、街を出て、どこか人里離れた静寂な所へ修行にふさわしい場所を探しに行こうとしておりました。丁度そこへ維摩居士がやってくるのに出会ったので「どちらからお帰りになられたのですか」と挨拶をすると、「道場からだ」ということです。そこで、「実は閑寂な道場を探しているのですが、行ってらっしゃった道場はどこにあるのでしょうか」と尋ねてみると、居士はこう答えたのだそうです。「道場は外に求めるには及ばない。直心是《こ》れ道場である」と。

これは、直心という純真な心を持って物事にあたりさえすれば、たとえどのようなところであっても、そこが道場になるという教えです。これに従うと、道場というのは、形式が整った立派な場所であるのか否かということが問題ではなく、修行をする人の本体である心のあり方のほう

小川範士は「日常生活すべて修行にならないものはない。息をすることさえ修行だ」と、いわれていたが、その言葉通り、わずかの時間を見つけては数息観をしておられた（写真は昭和52年の第32回青森国体にて。右から小城満睦、黒住龍四郎、小川忠太郎、小島主の各範士九段）

こそが大事であるということになります。私たちが思い描く道場とは、日本武道館をはじめとして、香取・鹿島の武の神様が祀《まつ》られてあったり、あるいは掃除がよく行き届いている剣道場や体育館です。しかし刀耕先生は、さらに次のように説いてくださいます。

それも道場だが、本当の道場というのは、こういう形のあるものばかりではなく、直心が道場である。直心というのは正直な心、素直な心、誰でも生まれながらに持っている自然の心、これが道場なのである。

この直心さえ見失わなければ、どんな所に行っても道場。便所へ行っても道場、食事のときも道場、どんなに騒がしい所でも道場、どんな所でも道場でない所はない。これが本当の意味の道場である。

『同上』一四八頁

剣道は今や国際的に普及し、世界中で多くの人びとが稽古に励む時代となりました。『剣窓』(第二六七号、全剣連発行)に、イギリスでおこなわれた昇段審査会で七段のフランス人剣士が初めて誕生したという記事が出ていますが、海外の剣士が日常稽古をおこなう道場と称する場所は、日本の環境よりも遙かに劣っていることがよくあります。

たとえば、ロンドンにある無名士剣道クラブの道場は、イギリスでは最高の部類に属すものであるとしても、剣道専用に造られたものではありません。総合スポーツ施設の一角にあり、バレエのレッスンに使われる所でもあり、実際に踏み込み足を使ってみるとわかるのですが、床はけっこう硬いので踏み込むときに踵を痛めないように注意しなければならないほどです。しかし、そこに集う剣士たちはそんなことはものともせず、剣道という東洋の文化活動の中に潜む何かに非常に強く魅せられているように見えます。その正体を探る手がかりになるのが、彼らが大切にしている「交剣知愛《コウケンチアイ》」という道場訓《モットー》であると思います。私たちと同じように、「剣を交えて愛《おしむ》を知る」という言葉によって表わされる人間性豊かな高い精神を持った人間像に剣道の修錬を通して接近することができるものと固く信じている様子から、彼らもまた、私たちと同じ剣の道を歩みつつ、人間性を高めていきたいと強く望んでいることが手に取るようにわかります。

さて、刀耕先生のお話によると、直心とは誰でも生まれながらにして持っている心であるということです。

それなら自分は持っているんだから修行などしなくてもよいと思う人が出てくる。しかし、そうではない。誰でも生まれながらに直心を持っているのだが、成長するにしたがって、その直心に雲をかけるようにまわりが仕掛けてくる。そこで修行が必要になるのである。

『同上』一四九頁

考えてみると、現代社会において一番求められているものは、温かい真心を備えた人間性ではないでしょうか。これに雲がかかってしまっているというのですから、人間が人間らしく振る舞うためには本体にかかった雲を払い、本来あるはずの直心と呼ばれる心を回復することが重要です。TV・新聞で報道されるニュースには、心に煩悩の雲がかかっているために生じたのではないかとしか考えられないような事件が増えており、誠に残念なことです。
このような時代であるからこそ、武道の修錬をすることによって人間性の涵養《かんよう》を図ることがますます重要になっていると思います。とりわけ、剣道は人間形成の道であるとよくいわれますが、この理想をただ知識のレベルに留めておくだけではなく、一人ひとりの剣士が実際に稽古に精進することによって、心の雲の払拭に勤め、直心の心をこつこつと育んでいくようにすることこそ、現代剣道の真骨頂であるとしてよいのではないでしょうか。この問題について、刀耕先生は次のように唱導されています。

直心とは素直な心、正直な心、誠と言ってもいい。これは人間なら誰でも持っている人間性。この人間性を見失わないように修行する。これを「直心是道場」と言い、全日本剣道連盟では「剣の理法の修錬による人間形成の道である」と指導理念で示している。
しかし実際はこの理念は空文となっている。剣道人口七百万、今からでも遅くはない。剣道理念実際化の大事業に向かって力を合せて一歩一歩精進することが最も大切なことである。

『同上』一五五頁

第十八講　無縁の慈悲

これは慈悲。慈悲でも「無縁の慈悲」。
人に物をやっても何ももとめない。
この話を聞いてから私は、世渡りはこれでいこうと決めた。
この「無縁の慈悲」でやろうと。

『小川忠太郎範士剣道講話(一)』二六四頁

慈悲《じひ》とは、仏教でいえば、仏様が衆生《しゅじょう》を憐《あわ》れみ苦を取り除いて楽を与えてくださることです。また、この心は、私たち人間が相互に苦しみ悩む者を憐れみ慈《いつく》しむことをいいます。

刀耕先生は十六歳のとき、学校の修身の授業で次のような日蓮上人（一二二二〜一二八二）の話を聞かせてもらったのだそうです。

あるとき、自分は悟りを開いたと思った日蓮が道を歩いていると、橋の下に一人の乞食がいた。ちょうど冬のことで、乞食は寒そうにしている。日蓮は、自分はもう悟りを開いたんだからと、乞食をかわいそうに思って、着ていた衣をぬいで乞食にやった。だがその乞食は、衣をもらっても知らん顔している。それを見た日蓮、あんたは人に物をもらって有難いと思わないのかと聞いた。そうすると乞食は、和尚さん、あなたはお礼を言ってもらおうと思って衣をくれたのかと。

大正６年２月７日、小川忠太郎16歳のとき

それで日蓮は本当に悟ったという。

『同上』二六四頁

「人から物をもらってなぜお礼を言わないのか」となじったときの日蓮さんは、人に物をあげれば何らかの返礼があるものと期待した「有縁の慈悲」を施していたのでした。ところが、衣をあげた乞食に「あなたはお礼を言ってもらいたいために施しをしたのか」と反問されて詰まってしまった。しかし、結局、この詰まったところで日蓮上人は「無縁の慈悲」を大悟したというのが話の要点です。この物語によって、感性が豊かであった少年時代の刀耕先生は非常に感化されるところがあったということです。それから長い間、無縁の慈悲の工夫と実践を積み重ね、人生経験の中から割り出したこととして、次のような教訓[註三二]を私たちに与えてくださいます。

これは慈悲。慈悲でも「無縁の慈悲」。人に物をやっても何ももとめない。この話を聞いてから私は、世渡りはこれでいこうと決めた。この「無縁の慈悲」でやろうと。しかし不思議なもので、こうした気持でやると、もとめなくてもかえってくる。やっただけのものはかえってくる。人生というのはそういうものである。

『同上』二六四頁

日常生活においては、良い対人関係を育むためにギブ・アンド・テイクということがいわれます。日本式には、情けは人のためならずといいますが、困っている相手に対して何かをしてあげた場合には、相手から何らかの答礼が暗黙のうちに期待されていることがよくあるものです。これは有縁《うえん》の慈悲であるとすべきでしょう。これに対して、困っている人を助けるために手を差しのべたとしても、見返りを期待する我心をまったく抱かないで、ただ人助けの手を差しのべたのであるとすれば、これは無縁の慈悲であり、有縁の慈悲など遠く及ばない行為になるというのです。

さて、無縁の慈悲という話題が剣道とどのように結びついているのかということについて触れなければなりません。剣道の世界には「我無ければ、敵無し」註三二という高い境地があるとされています。換言すると、心法の修行において目標とするべきは無我、すなわち、無心の境地であるといわれます。剣道を習い、これを修得するということは人間形成の道をも歩むということに他なりませんから、いやしくも剣の道を究めてみようと発心をする以上、叶うかどうかはさておいて、無縁の慈悲という理想の境地をめざして、コツコツと精進を重ねてまいりたいものではありませんか。

刀耕先生は、次の二宮尊徳（一七八七〜一八五六）の話によっても、日常生活において自我だけを通そうとすることの愚かさ、そして、相手の身になって状況や事態を考えてみることも大事なことであると、私たちの本体にある直心に気づかせてくださいます。

「社会生活は、一つの風呂に二人で入るようなものだ。自分の方へお湯を取ろうとしても、お湯は来ない。その反対に、自分なんかどうでもいいと思って、相手の肩に掛けてやると、自分の方にお湯が来る。自分も他人もひとつものだ」。

『小川忠太郎先生剣道話　第二巻』人間禅教団附属宏道会刊、平成四年、一六五頁

註三一、これと関連して、森島健男範士と田口榮治範士による「師弟対談　小川忠太郎先生の想い出」（『剣道時代』平成十二年十月号、一四頁）という含蓄に富んだ対談記事がある。私たちが修行の工夫をする上できっと大変良いヒントになるでしょう。

註三二、これは無刀流の開祖山岡鉄舟著「無敵の境」の中の言葉が元になっているものと思われる。大森曹玄著『山岡鉄舟』（春秋社刊、一九八四年、一三九頁）によれば、次のとおりである。「…夫ヨリ従前ノ上手下手、不戦前《タタカワザル》ニ知ルヲ考フレバ、全ク敵ニ上手下手アルニアラズ、自己上手下手ヲツクレル事確然タリ。自己アレバ敵アリ、自己ナケレバ敵ナシ、此理ヲ真ニ悟リ得レバ、上手下手強弱、大人小児ノ別ハ只ノ一点モナシ。是レ則チ、好雪片々不落別処ト云フ妙処ナリ。」（傍線著者）

第十九講　**道法自然**

剣道の基本の第一は、「正しく」という事です。「正しい」ということは、「自然」という事です。

『小川忠太郎先生剣道話　第二巻』九七頁

正しく強い剣道を求めて、人によっては十年、二十年、あるいは三十年と永い年月にわたって注意して稽古を続けているにもかかわらず、実際に自分がおこなっている所作が基本からはずれてしまっているということがよくあるものです。せっかく大事に相続している自分の剣道のことですから、ときには第三者の批評に耳を傾けて、世阿弥（一三六三～一四四三）の「初心忘るべからず」の精神で謙虚に自分の稽古を省察してみることが大切ではないでしょうか。

刀耕先生は後進である私たちの良い教訓になるようにと、昭和の剣聖持田盛二範士十段の修行にまつわるエピソードを記録に残されています。

持田先生が七十四、五のとき。妙義道場で稽古しているのを増田さん[註三三]が見ていた。するとあとで、「増田さん、私の左足は曲がっていませんでしたか」また「アゴが出ていませんでしたか」と聞いたという。…〈中略〉…七十四、五になっても、平素の稽古をただやっているのではなく、これだけ注意してやっている。まさに修行は死ぬまで。一生涯修行。

『小川忠太郎範士剣道講話㈠』体育とスポーツ出版社刊、平成五年、二三二―二三三頁持田範士のような最高の剣道家であっても、正しい稽古の実践を心掛けて常に謙虚に反省と工夫をされていたという話を聞いて、感銘を覚えない人はいないだろうと思います。

さて、剣道を習う過程で「正しい〇〇」という表現をよく耳にしますが、剣道における「正しい」ということは、一体どういうことを意味しているのでしょうか。素振りや切り返しを例題にして科学的に説明を試みようとしてみると、なかなか容易なことではないということがわかります。そして、結局、剣道という伝統文化の一形態が備えている諸特性は、かなりの部分が大先達の深めた経験的な直感によって成り立っているのである、ということに気がつきます。

こういうわけで、「正しい」ということの中身をもう一段掘り下げて考えてみると、剣道でいう正しいということは、「剣道を支配する理法に適《かな》っている」ということが見えてくるものと思いますが、本講ではさらにもう一段深く掘り下げた刀耕先生の洞察から学んでみたいと思います。

剣道の基本の第一は、「正しく」という事です。「正しい」ということは、「自然」という事です。「自然」という事は、教わらなくとも、誰でも持っている。立って居ても自然、構えて居ても自然になる筈だ。

『小川忠太郎先生剣道話　第二巻』九七頁

なるほど、正しい構えとは自然な構えのこと、また正しい姿勢とは自然な姿勢のことであったのかと、得心の第一歩が始まります。

ところが、実際には、色々な癖が付いてしまう。「力み」と言うんだね。肩へ力みが来る。これも癖だ。それで「正しく・正しく」と最初はやっていく。中段の構えにしても、こう立つ。これは自然だ。これで太刀をとる。左手、こう持つ。これまではいい。右手を添える。ここで狂ってしまう。ここで皆、こうなっちゃう。腕の上筋（うわすじ）に力が入ってしまう。肩へくる。腕の下筋（したすじ）で持たないといけない。上筋は柔らかく力を抜いて。それなら何でもないんだよ。上筋に力が入ると、その影響が全部に出る。肩に力が入る。肩に力が入ると腰が抜ける。その影響が精神にも及んで、焦って来る。つまり、打ちたくなっちゃう。総崩れだ。その元は、ちょっとした事で、右手の添え方一つだ。自然でいい。

『同上』九七―九八頁

刀耕先生は、中段の構えを基本の一例として取り上げ、重大な指摘をしてくださっています。添え手の力の入れ加減一つで正しい構えを得ることができるか否かが決定してしまいます。しかもその加減が正しくないと、体法の正しさが損なわれるどころか、心法にまでも悪い波及効果が及ぶことになるぞ、というものです。

「力み」が入らないと、どうなるかと言うと、全力が出るんだよ。こう構えると自然だからね。かたちが安定すると精神も安定する。全部グッと。それを「気・剣・体一致」と言う。こうなる。これが基なんだ。

『同上』九八頁

道法自然という言葉がありますが、「正しい」という意味がかくして明らかになりました。刀耕先生のご講話のおかげで、今や構えの理法が明らかになりました。

そこで私たちに残されている課題は、この道法自然という理法に自分の剣道を照らし合わせて謙虚に反省・工夫を重ねていくという理事一致の修錬です。これは剣道理念を実践するという尊い行為でもあることを忘れずに、未在《みざい》、未在と歩んでまいろうではありませんか。

註三三、増田真助範士八段のこと。一九〇一（明治三十四年）～一九七一（昭和四十六年）。昭和十五年の天覧試合に指定選士の部で出場して優勝。持田盛二範士とともに講談社野間道場や妙義道場で後進の指導に当たる。また、警視庁剣道師範。

第二十講　只管

我々が生きて行く上においていろいろなことがあります。若い時はそうでもないけれども、三十になり、四十になり、五十、六十、私は八十三歳ですけれども、いろいろなことがあります。これを貫くものはただです。

『小川忠太郎範士剣道講話㈠』九頁

本講では冒頭の引用文や次の極意歌の「ただ」という言葉によって表わされる心の状態について考えてみたいと思います。

キリムスブ　カタナノシタゾジゴクナレ　タダキリコメヨ　シンミョウノケン[註三四]

調べてみるとこの言葉には〈目的意識をもたないで〉、〈なんとなく〉あるいは〈漫然と〉など日常よく使われる意味もありますが、ここでは〈ひたすらに〉とか〈余分な想いをまじえずに〉という意味で用いられています。禅には道元禅師（一二〇〇～一二五三）の「只管打坐《しかんたざ》」（＝ただ坐れ）という有名な言葉がありますが、この「只管」という言葉も人生や剣道の極意を表わす「ただ」と同じ意味で用いられています。

禅の修行のみならず剣道や人生においても、この「ただ」という境地は非常に高いものであり、そこに到達するためにはそれなりの修行が必要であるのはいうまでもありません。「ただ」の境地について、刀耕先生は次のように説かれていらっしゃいますから、よく耳を傾けてみたいと思います。

> こうしたら何か得られるんじゃないかとか、何も考えずに、一切を捨てて、ただ切り込む。だから、この「ただ」が修行なんだ。これが極意だね。坐禅だって、ただ坐ればいい。坐禅を組んで悟りを開こうとか、なんとかかんとか、そんなものは要りはしない。ただ坐ればいい。法に従って、「ただ」やればいい。それを生活に入れて、勉強する時は「ただ」やればいい。仕事だって「ただ」打ち込んでいればいい。右顧左眄《うこさべん》しない。だから、その「ただ」と言う事を自得するのが剣道だ。「太刀の下こそ地獄なれ」。地獄の所で「ただ」切り込めばいい。「ただ切り込めよ神妙の剣」。……〈中略〉……剣道の気合というものは、この「切り結ぶ刀の下こそ地獄なれ、ただ切り込めよ神妙の剣」。「ただ」という事を腹に入れてしっかり修行するように。
>
> 『小川忠太郎先生剣道話　第一巻』二九―三〇頁

これによって「ただ」ということが剣や禅の道のみならず、日常生活においても大事な意味をもっているということがよくわかってきたのではないでしょうか。とくに「ただ」という境地を自得するための具体的な稽古方法について、剣禅一如の視点から、次のようなヒントを与えて私たちを導いてくださいます。

「ただ」切り返しをする。「ただ」稽古をやる。「ただ」形をやる。「ただ」坐る。この「ただ」という所を自得するように。この「ただ」の中に何でも入っている。その「ただ」が「案山子」の道である。ただ立っているけれども雀が来ない。

『同上』一一九―一二〇頁

次に、興味深い話を一つ紹介させていただきます。昭和五十年代の初め頃、刀耕先生は晩年の湯野正憲範士[註三五]と本講のはじめに示した柳生流の秘歌について語り合う機会があったのだそうです。

湯野範士といえば、その数年前に永平寺に参禅の修行をされており、その時に刀耕先生に宛てた書簡には「…後振り返りもせず　この門　ただ向こうを向いて　行くばかりなり」（傍線著者）と認《したた》められていたということです。

これはいい歌だと私が言いましたら、湯野先生が、ただが難しいと言いました。その歌について、そこが難しいととる人はほとんどいないのではないでしょうか。当たり前にとる。

切り結ぶ　太刀の下こそ　地獄なれ
一足進め　先は極楽[註三六]

この歌あたりと同じにとってしまいますがそうではありません。「ただ切り込めよ」のただが秘中の秘だ。これは大変なものですね。ここがポイントです。

『小川忠太郎範士剣道講話(一)』八頁

すなわち剣道でいえば、一足一刀生死の間にまで相手に詰め寄ったならば、機をみて打ち込むことができるということが理想です。しかし、この間にあって、恐れ、驚き、疑い、迷う四戒の気持ちが生じてくるようであれば、これを稽古で払拭できるまで精進に精進を重ねることが大切です。さもないと「ただ」の境地に達することはほとんど不可能でしょう。また日常生活の中で一つだけ例を挙げると、学生のみなさんは学生になりきることが、「ただ」という人生の極意に合致することになるのです。もっといえば、読書をするときには読書することになりきることが肝心です。そうすると、自ずと学生の本分を全うすることができるのです。

本講で学んだ刀耕先生の重要な教えを要約すれば、両刃鉾《ほこ》を交えた地獄の間から、ただ無心に相手に切り込んでいくことを習うのが剣道の修行目的である、ということになります。これは真の捨身の稽古であるといってもよいでありましょう。この境地の自得に向けて正しい精進を続けていくということは、同時に人間形成の道を歩むことでもあるということを忘れないようにしたいものです。

註三四、柳生石舟斎が柳生兵庫介に与えた秘伝とされる（『小川忠太郎範士剣道講話(一)』八頁）。『小川忠太郎先生剣道話　第一巻』（一八頁）では、「ゾ」が「こそ」と変わり、同じ一首が単に柳生流の歌として引用されている。

註三五、湯《ゆ》野《の》正憲《まさのり》剣道範士八段。一九一五（大正四年）～一九八〇（昭和五十五年）。著書に『剣心去来』（鷹書房刊、昭和四十三年）、『艸生庵残筆』（島津書房刊、平成四年）、また岡村忠典氏との共著『剣道教室』（大修館書店刊、昭和五十四年）などがある。

註三六、前出『小川忠太郎先生剣道話　第一巻』（二八頁）では、宮本武蔵作とされる同趣旨の一首が引用されている。

振りかざす太刀の下こそ地獄なれ、一足進め、あとは極楽

第二十一講　剣道の反省

剣道は研究しては稽古し、反省する事が大事（之は三磨の位だ）。

『百回稽古』八三頁

刀耕先生が遺された「持田盛二先生に稽古を願ひし記録」の昭和三十年六月十六日の部分を見ると、持田範士から聞いた言葉として冒頭の言葉が記されています。このとき、先生は五十四歳でした。

また、そのときから十年ほど前の昭和十九年には、加藤完治先生[註三七]から聞かれたこととして、次の言葉を書き留めていらっしゃいます。

剣道は六《む》つかしい反省であるという事の分る人が少ない。

「小川忠太郎先生内原剣話」『武道の研究（上巻）』加藤完治全集刊行会刊、昭和四十三年、二八二頁

刀耕先生がこれらの言葉を書き留めたのは、きっと二人の師によって発せられた言葉に、共鳴を覚えられたからでありましょう。

私たちも、剣道を習う師匠や高段位の先輩からよい話を聞かせてもらったときには、なるほどと感心するくらいの感性は持っていますから、ここまでのところは差がないように思えます。

ところが、聞き手には二つのタイプがあり、素晴らしい講話を耳にして感嘆はするのですが、それを聞きっぱなしにしてしまう人と、話のポイントをメモに取って後日の復習に備える人があり、この点が剣道の上達を左右する要因となっているのではないかと思います。

刀耕先生は、もちろん、後者のタイプの修行者でありました。それで先生は、四十歳を過ぎた頃に聴取した「剣道における反省」という命題の意味についてよく考察し、ますます洞察を深めていかれたのではないでしょうか。

上の至言の中にある「反省（する）」というキーワードが意図しているところは、〈今までに自分がおこなってきた稽古の在り方を点検ないし内省する（こと）〉という意味です。日本語辞典には〈自分が犯した過ちを検討して悪かったと認めること〉というもう一つの意味もありますが、これではありません。したがって、反省という行為はかなり理知的な精神活動であり、創造的な精神活動である工夫とも連関するものです。また、この点こそが動物界と私たち人間界の間に一線を画している特性でもあります。

剣道とは、仮に生死のやりとりを前提として、刀としての精神で用いる竹刀による攻防を通して術技の修錬をおこなうものです。生きるということを積極的な目的にする意味でここには生の肯定という意味を認めることができます。しかしながら、刀耕先生によれば、ここまではまだ剣術の域であるとされます。なぜならば、生きるということだけであるならば、野獣の闘争と少しも変わるところがないからです。

剣道発達史にみるとおり、術の域から人間形成の道として昇華されるに至った剣道は、二十一世紀の今日に受け継がれていますが、一九七五年（昭和五十年）に制定された「剣道の理念」という恒久的な指導理念に基づいて相続されるべきもの[註三八]であると思います。
この理念に謳《うた》われている最終目標は人類の共存共栄です。勝ち抜いて、勝ち抜いて……最後はただ一人になってしまう、ということでは決してありません。剣の理法の修錬を通して生死を明らめる工夫を重ね、自己を深める個人形成の〈自利〉の道を歩みつつも、人と交わり、世のため人のために貢献することができる社会形成〈他利〉の道をも歩むこと。そして、これによって人間形成の道を未在、未在と歩み続けていく努力をしていくということ。これこそ、剣道を愛する私たちの一人ひとりが心得ておかなければならない大事な点ではないでしょうか。剣道はむずかしい反省であるというのは、このような意味を内包しているからであると理解をしてみることができます。

よくノートをとる学生は理解度の高い良い学生であるといわれますが、剣道を習得する場合にも良師から聞かせてもらえる有益な話は、忘れないうちに是非メモに取っておくようにしてはいかがでしょうか。きっと上達の糧になるはずです。また、これは謙虚で真摯《しんし》な修行態度であるばかりか、自己発見につながる大変尊い行為にもなるからです。

刀耕先生は、そういう素晴らしい特質を身に付けていらっしゃいました。だからこそ、十年後には持田範士が発した第二の命題に対し、これは「三磨《さんま》の位なり！」と喝破《かっぱ》されたのであると思います。

さて、『百回稽古』には、冒頭の言葉と並んで持田範士（当時七十歳）のもう一つの言葉が記録されています。能々《よくよく》味わってみたいものです。

年月はすぐに経ってしまう。この間六十だと思ったらもう七十歳になってしまった。怠けていればすぐに月日は経ってしまう。

『百回稽古』八四頁

註三七、一八八四（明治十七年）～一九六七（昭和四十二年）。茨城県内原町（現在の水戸市）にあった日本国民高等学校（現・日本農業実践学園）名誉校長。刀耕先生の記述に「私は二十八のとき加藤完治先生について直心影流をやった。**加藤先生は私と修行の方向がピッタリ同じで、それで話が合った。**」（『小川忠太郎範士剣道講話㈢剣と道』（六一頁）とある。

註三八、全日本剣道連盟は二〇〇七年（平成十九年）三月に新しく「剣道指導の心構え」を制定し、「剣道の理念」の更なる普及を図る施策を実行しています。これは「竹刀の本意」「礼法」「生涯剣道」という三つの柱からなりますが、とりわけ「竹刀の本意」のメインテーゼは「剣道の正しい伝承と発展のために、剣の理法に基づく竹刀の扱い方の指導に努める。」とありますが、その説明の文は次のとおりです。「剣道は、竹刀による『心気力一致』をめざし、自己を創造していく道である。『竹刀という剣』は、相手に向ける剣であると同時に自分に向けられた剣でもある。この修錬を通じて竹刀と心身の一体化を図ることを指導の要点とする。」（傍線著者）『剣道指導要領』全日本剣道連盟刊、平成二〇年、五頁より。注意すべきことは、これによって「竹刀を刀の精神で持つように」という点が「竹刀は剣（刀）である」というように表現がより具体的に改まったことです。

第二十二講 三摩の位

人間は人間性に率《したが》っていくのが道。この道を得るためには三摩の位によって修行する。

『小川忠太郎範士剣道講話㈠』四三頁

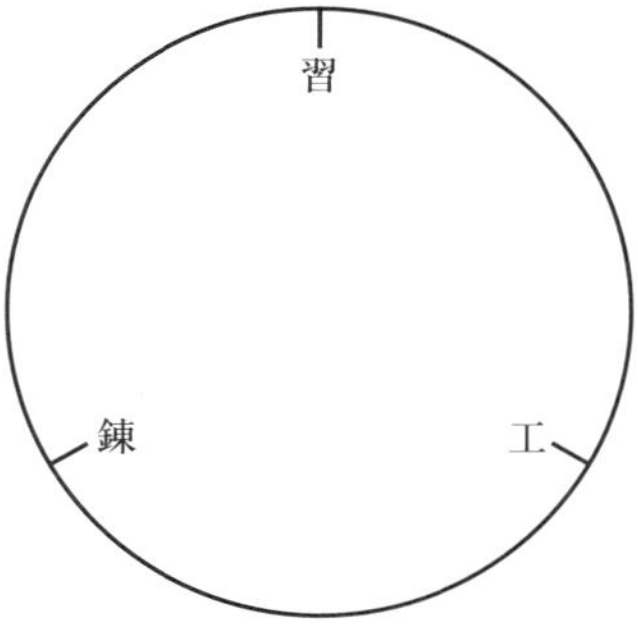

『同上』四四頁

前講では、剣道における反省の意味ということについてみましたが、本講では「剣道は研究しては稽古し、反省することが大事」であるという至言、すなわち「三摩《さんま》の位[註三九]」がもつ重要な意義について学んでみたいと思います。

三摩の位とは、そもそも柳生新陰流に伝わる極意の一つであり、上達の秘訣を教える方法論のことです。右に示す「習・工・錬」の文字が入った図によって伝えられていますが、まず「習」のことから順に、刀耕先生が説かれるところを聴かせていただくことにします。

上は習うということです。いい師匠に就くということです。自己流ではいけない。道元禅師は、「正師を得ざれば学ばざるにしかず」と言いました。師匠にでたらめを教わると、教わる方は純真なのでその通りにやって邪道に入ってしまいます。「正師を得なければ学ばない方がましである」。正師を選べ。選んだならば、教えを自分でよく工夫（図の工）してこうだと思ったら鍛錬（図の錬）する。この鍛錬で身に付けます。このうちの一つを欠いてもだめです。三摩の位は道を得るための手段です。

『同上』四四頁

まず、「習」とは良い先生に就《つ》いて、その先生から習うということです。これは日本の伝統的な習い事のみならず、広く教育の世界においてもよくいわれていることとです。良い先生に教わることになれば、知識や技術に関する教授内容も質的に洗練された優れたものを習うことができるということが大いに期待されるからです。

良き師の下で習うときには、さらにもう一つ忘れてはならないという大事な側面があります。それは教える人自身の人格から学習者が自然に受ける薫陶《くんとう》です。禅ではこれを「花を弄《ろう》すれば香《かおり》衣《ころも》に満《み》つ」といいます。良い香りのする花を弄《もてあそ》んでいると、いつの間にかその香りが着ている着物に染み込んでしまうように、良き師や良き教え、そして良き道友に接していると、その人も自然に良くなるものであるという意味です。

次に「工」とは、工夫をするという意味です。師から習ったことを体得するために、習った内容を熟考するという知的な活動のことをいいます。このプロセスは大事なところです。まず、先生から習うべきことを素直に聞き取るという行為から始まります。次になすべきことは、前講でも触れたところですが、要点は必ずメモに取るようにするということです。ここまでは比較的簡単にできるのですが、次の段階ではどうしても自分自身の頭を使って考えるという行為が必須条件になります。これによって達成すべき目的に向けての最善の方法論を仮説として立てることができます。

最後の「錬」とは、鍛錬という実戦訓練を積むということです。すなわち、工夫によって立てた仮説を実際の稽古の場において試してみることをいいます。

もし結果が不十分であれば、さらに反省、工夫を重ね、再試行をすることになります。こうして習ったことを一つひとつ自得していくことになります。したがって、精進するということは、稽古を第一として、習・工・錬の循環を何度も何度もくり返して修行するということなのです。要するに、私たちが理想とするのは人間形成の道としての剣道でありますから、この道を歩むためにはどうしても「三摩の位」という修行方法を採らなければならないということになるのです。

刀耕先生は、さらに剣禅一如の立場から、「三摩の位」とは『涅槃経《ねはん》』にある「聞《もん》・思・修」という教えに匹敵するものであるとして、次のように説いてくださいます。「三昧」、「真剣」、「一心」という重要な言葉が出てきますが、その意味を能々《よくよく》吟味してみたいものです。

「聞」ということは習う、正師から習うということです。「思」ということは工夫する。「修」ということは実行する。「三摩の位」と同じですよ。これでどこへ行くかというと、「三昧」に入る。

「聞・思・修」より「三昧」に入るのです。三昧が秘訣です。いい加減な気持で聞・思・修を繰り返していてはいけません。三昧になるかならないかは大変な問題です。この世で一番三昧になれるのは真剣勝負です。剣道の中にはそういうものがある。…〈中略〉…ですから剣道の上達の秘訣は真剣・三昧それ以外には絶対にありません。生まれつき技は天稟《てんぴん》だと言っても、怠け者はだめなのです。不器用であろうが何であろうが、真剣になれる人なら突き抜けられます。ここが大事ですよ。三昧、真剣、一心ということです。恐懼《く》・疑惑の二心ではだめです。精神は一つ。ここを皆さんしっかりと心に受けとめて下さい。

『同上』四四―四五頁

註三九、「三摩の位」の表記法について少し触れると、『百回稽古』（八三頁）では「三磨の位」と「磨」で表わされています。ちなみに、柳生厳長著『正伝新陰流』（島津書房刊、平成元年、二九七頁）と柳生延春著『柳生新陰流道眼』（島津書房刊、平成八年、一六七頁）では、「三磨之位」と「三摩之位」が併用されており、とくに後者では、「摩は磨と同じ」と明記されている。刀耕先生の晩年の作『剣道講話』では「摩」をもって統一されているので、本稿はこれにならった。

第二十三講　気剣体の一致

「気・剣・体の一致」と言う事が分からなければ、一生やっても、剣道は分からない。これを禅で言えば「三昧」という。

『小川忠太郎先生剣道話　第二巻』五三頁

剣道の修行は、打つ（切る）・打たれる（切られる）という仮《かり》に死生を賭《と》した相手との戦いを前提としますから、相手と対峙《たいじ》しているときの三昧力に少しでも欠けるようなところがあれば、その隙に乗じて打ち込まれてしまいます。逆に相手の虚につけ込んだ攻めを開始する場合には、自分の総戦力である「気」という心の働き、「剣」という竹刀操作の技術、そしてこの両者をつなぐ「体」という身体の働き、この三者が調和して一糸乱れぬ働きをしないと、決して十分な効果を上げることはできません。気と剣と体の働きが調和したときに、それを「気・剣・体の一致」といい、この境地に至ることがまず第一の大きな目標になります。ではどうすれば気・剣・体の一致を習得することができるのでしょうか。刀耕先生は、冒頭の文章に続けて、次のように説いてくださいます。

気・剣・体の一致。それは単純な基礎の中に有る。素振り、切り返しの中に有る。ただ、その

中にあるという事に、なかなか気が付かないで、ただ竹刀を振り回している。そう言うと難しいようだが、これは一心になって振れば、「気・剣・体の一致」が出来る。一生懸命に、一心にやる。一心から出る一刀、「一心一刀」になる。これが切り落とし。自分が一心に成るよりない。だから、教える事は出来ない。「一心」。これを「三昧」という。竹刀をただ機械的に振っていては駄目だ。一心になって、刀を持つから「気・剣・体の一致」を覚える。

『同上』五三―五四頁

気・剣・体一致の養成をするには何か特別な方法がいるのかと思いきや、極意は誰しもが習う基本の素振り、切り返し、そして掛かり稽古の中に入っているというのですから。しかし、これを実践するとなると、この稽古は苦しくて、厳しくて、おまけにきついという、いわゆる３Ｋ型であると見る傾向が強いため、消極的な態度をとってしまうということがあるのではないでしょうか。しかし、この稽古をするコツは、一生懸命になって竹刀を振ることであり、また一心になって打ち掛かっていくことであるというアドバイスがいただけましたから、その心持ちで明日の稽古に臨んでみてはいかがでしょうか。

余分なことを考えないということが一心で、ただ振る、ただ面を打つという一つの心になりきることを一心一刀といいます。それをまた三昧ともいうのです。例えば切り返しについて、刀耕先生は次のように説かれていらっしゃいます。

切り返しは禅で言うと「数息観註四〇」に相当する。禅ならこれは「三昧」、剣道では「気・剣・

体の一致」。これを修練する。これが基礎だ。みんなの切り返しは手だけでやってる。坐禅なら初め、足が痛いとか、眠いとか、そういう時代だ。雑念が入って駄目だ。同じ数息観でも、足の指先で「ズーッ」と数息観ができるように成らなければいけない。大変だ、ここは。切り返しもそうなんだ。手でやってちゃ駄目なんだ。足で。足で。足でやるという事は、からだ全体でやるという事だ。全体を練る。

『同上』一四頁

三昧とは、そもそも禅僧が坐禅を組んで修行をするときに、心に浮かんでくる一切の雑念を払《ふっ》拭《しょく》し、ただひたすら坐っている「只管打坐」[註四一]の状態のことをいいます。別な言葉でいえば、三昧とは「なりきる」ということですが、「らしくする」ということでもあるのです。現代社会にサンプルを求めてみると、「らしくない」症候群が多発しているように思われます。その最たるものは、親の子いじめからはじまって、教員の生徒や学生に対するハラスメントや警察官の不正行為と枚挙にいとまがありません。確かに良い親、良い教師、良い警察官になるためには時間がかかります。しかしながら、子を持った人が親らしくしていれば、自家用車の中に大事な子どもを放っておいて命が損なわれるなどという惨事は起こりようがないですし、教員が教員らしく生徒・学生に対しても人間性の尊厳をよくわきまえて勤めを全うしていれば、教え子の心を傷つけることなどありえないことでしょう。

なりきるということは、確かに剣道においても日常生活においてもほんとうに難しいことです。しかし、まず「らしく」振る舞う努力を持続していけば、徐々《じょじょ》にその人の人生も良い方向に変化

打太刀・佐藤忠三(右)、仕太刀・乳井義博による日本剣道形小太刀三本目。昭和31年４月29日、宮城県庁前の仙台市レジャーセンターにて開催された東北・北海道対抗剣道大会より（写真提供＝平川信夫氏）

していくはずです。私たちは、家庭的にも社会的にもいろいろな役割を持っており、それぞれの役割を全うすることによって充実した人生を送ろうとしていますが、今与えられている役割にほんとうになりきれているのかどうか、是非もう一度考えてみたいものです。たとえば、剣道ならば有段者は有段者らしく、それぞれの人が持っている段位にふさわしい稽古ができているかどうかという具合にです。

気・剣・体の一致とは、剣道をする者であれば誰もが体得するように修錬しなければならない稽古の最重要事項です。これを養成する手段は、入門期に覚えた素振りによって実行が可能であるという貴重な示唆を与えていただけましたから、今までは何気なくしてきた素振りを早速点検し、改善を図るよい機会ではないでしょうか。先の「第十一講」で触れた「素振り一生」という名言がありますが、素振りと三昧力の関係について刀耕先生が説かれていますから、よく参考にして、稽古の糧として役立てていただきたいものです。

武専の卒業生に、佐藤忠三という人がいた。器用な稽古をする人じゃやなかった。一年生の時に、素振りが大事だという事に気が付いて、毎晩六百本の素振りを続けた。四年生になると武専の大将になった。大将になったばかりじゃない。武専が出来て以来、あれ程の人は他に居ないでしょう。素振りで、そういう大物が出来た。要するに「三昧力」だよ。ちょこちょこした、小手先の技じゃない。「三昧力」を養ったから、風格が出来た。だから、素振りはいい。素振りと切り返しがいい。これで基礎を作る。心掛けさえすれば、素振りする時間ぐらいあるよね。素振りをすると、数息観と同じで、呼吸が下がる。もうひとつは、手の内が出来る。

『同上』六九―七〇頁

武専時代の佐藤範士は一体どのような工夫をされて黙々と素振りになりきっていらっしゃったのだろうかと、まことに興味は尽きません。

註四〇、第二十六講「呼吸力(下)」(一二二頁)を参照のこと。

註四一、「坐禅は何のためにやるのか? それは簡単である。坐禅は只坐るのである。只管打坐。何の結果も求めないのである。坐禅がそうなら人間の仕事もそうである。結果を求めず、ただ現在の仕事になりきればよいのだ。結果や報酬のことなど考えるから仕事に全力が入らなくなるのだ」『剣道講話㈢剣と道』(九六頁)より。

第二十四講 目付け

形を稽古する時に、目を緩めない。最初の礼の時も、相手の目を見る。終わった時も目を見る。後はこう礼をする。これが武道。

『小川忠太郎先生剣道話 第一巻』三三五頁

剣道では、相手の姿が見えさえすればそれで事が足りるのかというと、昔から観見二つの見方が大事であるという教えがあるほどで、目には大変重要な役割が込められているのです。究極的には、間合と打つべき機会を容易に見て取ることができるようになるまで十分に修錬を積まなければならないとされています。

剣道でいう目の働き、すなわち相手を見る方法を「目《め》付《つ》け」といい、相手の顔面に目を向けつつも、遠くにある山を眺めるように全体に注目する「遠山《えんざん》の目付け」や、目から心を読み取らせないために相手の帯の辺りに目を向ける「帯の矩《かね》の目付け」、そして「観見《かんけん》の目付け」などがあります。とくに、宮本武蔵著『五輪書』の「観《かん》の目強く、見《けん》の目弱く[註四二]」という観見二つの見方はよく知られており、「観の目」とは心の眼で観ること、また「見の目」とは肉眼で見ることをいい、前者による目付けをより重要視するものです。

この他に「一眼《いちがん》、二足《にそく》、三胆《さんたん》、四力《しりき》」という名言もあり、剣道で一番大事であるのは眼の働きであり、相手の意図や動作を目付けによってよく見極めて判断する力を養成することが肝要であると教えてくれます。

また、目は口ほどに物を言うとか、目は心の窓であるというふうに、私たちの意図や感情はよく目に現れるといわれます。この場合の「目」とは、相手を観察する視覚能力をいうのではなく、顔付きとか目付きという顔中の目を中心にした感情信号の発信領域を指しています。剣道では、自分の意図や感情を相手に覚《さと》られることは禁物です。事前に察知されてしまうと、攻撃が容易にさばかれたり裏をかかれたりして、たちまち自分のほうが劣勢に陥ることになるからです。そこで、そうならないためにはどのような修錬を心掛ければよいのかということが気になりますが、この問題については刀耕先生の講話に少し耳を傾けてみたいと思います。

立ち向こう

その目をすぐにゆるむまじ

これぞまことの水月の剣

「目」だ。剣道は相手と対峙《たいじ》する。相手の目を見て、目を緩《ゆる》めるな。これが大事なんだ。うっかりすると目を緩める。それは心の緩みが目に出るんだ。一本打つ。すると「ああ、いいなー」となる。一本打ったら、きびすを返し、次の技へ。打った後もそうだが、打つ前もそう。これが「ズーッ」と一貫する、この修行。

『同上』一三五頁

私たちの身体は正直であり、心の真剣味が緩むと、その証拠が自ずと顔に現れてきて目も緩んでくるものです。また心が緩むと同時に心眼も緩んでしまうため、相手の意図を写し取ることなどとうてい不可能なことになってしまいます。そういうことを、剣の大先達者たちは経験的によく心得ていて、その智慧《ちえ》を流派の弟子のために詠《よ》んだのがこの秘歌であるということです。一本打つと、「ああ、いいなー」という気分は有段者であれば誰しもが味わったことのある気分であると思います。ところが、残念なことに、そう思った途端に、残心を示すことすら忘れてしまう人が本当に多いのです。そこをグッと堪え、気構え・身構えに寸分の緩みもなく新たな攻防に向けて真剣な気分を相続していくように努めることが、まさに剣道修行の本筋であるということです。

剣道は、形による理の稽古、そして竹刀による事の稽古によって、理事一致する剣道をめざしていくことが大事です。とくに、日本剣道形を修錬する際には、留意すべき事項の一つとして、目付けのことがあります。最初の立礼から最後の立礼まで、冒頭に引用した刀耕先生の言葉にしたがって、相手の顔から目付けを外《はず》さないということが守《しゅ》・破・離の守の習いの一つです。ただし、太刀の七本目だけが少し例外で、打太刀が仕太刀の正面を斬りつけますが、相手によって右胴斬りにかわされたときにだけ、ほんの一瞬、目付けが仕太刀から離れます。が、次の瞬間にはまた相手に目付けを戻します。

最後に、目付けの持つ深い意味について刀耕先生は次のように説いていらっしゃいます。よくよく吟味して、工夫してみたいものです。

武道というものは浮いたものじゃない。命のやり取り、息の根の止め合いだから。ちょっとでも緩みが出たら「ズバッ」とやられる。その緩みは目に出る。『立ち向こう、その目をすぐにゆるむまじ、これぞまことの水月の剣』。お月様が浮いてね。これだって三昧だよ。相手と対峙して「ジーッ」と。これも会得しなくちゃ駄目。禅では、これを「両鏡」と言ってる。そういう事を道場内で真剣に修行すると、人間形成が出来る。ごまかしは目に出る。『その目をすぐにゆるむまじ、これぞまことの水月の剣』。二枚の鏡を合わしたようなもの。「ズーッ」と。こういう事を念頭において稽古していく。そうすると、剣道は難しいけれども、それがみんな自分にあるんだから、だんだん雲が取れてきて、楽しみになる。

『同上』三五―三六頁

註四二、宮本武蔵著『五輪書』「水之巻」（岩波文庫、一九九一年刊、四六―四七頁）に「目の付けやうは、大きに広く付くる目也。観見《かんけん》二つの事、観《かん》の目つよく、見《けん》の目よはく、遠き所を近く見、ちかき所を遠く見る事、兵法の専《せん》也。敵の太刀《たち》をしり、聊《いささ》かも敵の太刀を見ずといふ事、兵法の大事《だいじ》也。工夫有るべし。此目付《このめつけ》、ちいさき兵法にも、大きなる兵法にも、同じ事也。目の玉うごかずして、両わきを見る事肝要《かんよう》也。かやうの事、いそがしき時、俄《にわか》にはわきまへがたし。此書付《かきつけ》を覚え、常住《じょうじゅう》此目付《このめつけ》になりて、何事にも目付のかわらざる所、能々吟味あるべきもの也。」とある。

また、「風之巻」の「一　他流に、目付《めつけ》といふ事」と題する記述（一二五―一二七頁）の中に「…兵法の目付は、大形《おおかた》其人の心に付きたる眼也。…〈中略〉…観見《かんけん》二つの見やう、観《かん》の目つよくして敵の心を見…」とあり、「武道の目付けは相手の心に付けるものであり、相手の心理状態を読み取るためには、観の目という心眼をよく働かせるように（工夫・鍛錬をしなければならない）」ということがここでも強調されている。

第二十五講 呼吸力（上）

人間は三度三度食事をする要求がある。呼吸はいいかげんにしていても間に合う。しかし、呼吸は一番大事なんだ。これは精神的な食糧だよ。「ズーッ」と。これを毎日養ってやらないとね。

『小川忠太郎先生剣道話　第一巻』九六頁

本講では、次講と連続して、剣道における呼吸力について刀耕先生の洞察を通して考えてみたいと思います。

進みいく高齢化は日本の社会現象の一つです。剣道界も例外ではありませんが、誰でも年をとれば体力が衰えていくものであるとはいうものの、七十代はいうまでもなく、八十代になってもまだまだ壮健で、若い教士、錬士を相手にして遥かに優《まさ》る気の充実と溢《あふ》れる気品をもって稽古をされる先生がいらっしゃいます。そうした高齢の剣道家が少しも呼吸を乱さないでする稽古を拝見するにつけ、若いうちから呼吸力の鍛錬を積んでおくことがどんなに大切なことであるのかということを思い知らされます。もちろん、日常生活の上でも、呼吸力の工夫をしてみることは大切なことです。十分に呼吸をするということは単に酸素を肺に取り込むことであるばかりでなく、息を調《ととの》えれば、心を調えることができるという効果があるからです。すなわち、調息・調心とは、刀耕先生が「困ったら、坐れ」[註四三]とおっしゃった言葉に他ならないのです。

さて、剣道における呼吸法の重要性については、日本剣道形の実施法との関連で「第四講」で少し触れるところがありました。昔から稽古は形のように、形は稽古のようにといわれていますが、剣道は形と竹刀稽古をバランスよく修錬していくことが上達の早道です。また、剣道形の稽古で培う呼吸力を竹刀稽古においても活用し、より充実した呼吸力を養っていくことは極めて重要な修行課題の一つです。

試合における有効打突の条件に目を向けると、規則では「充実した気勢、適正な姿勢をもって、竹刀の打突部で打突部位を刃筋正しく打突し、残心あるものとする」[註四四]となっています。この条件を満たすためには、刀法の側面や身法の側面の他に、「気勢」の充実度という心法の側面が重要な必要条件になっています。しかし、気は呼吸法と大変深い関係にありますが、浩然の気と呼ばれる気の養成は決して一朝一夕にできるものではありません。段階がありますから、正しい呼吸法をなるべく早く習得し、長い年月をかけて鍛錬していく必要があるのです。刀耕先生は、この格好の例として、高野佐三郎先生[註四五]がまだ幼少の頃の話を参考に示してくださいます。

高野佐三郎先生は四つのとき、これはおじいさんがえらかった。朝起きたら太陽を呑んでこいと。朝、太陽がずーっと上がってゆく。それを大きな口をあけて、腹式呼吸でアーッと。今朝はいくつ呑《の》んだ。三つ呑んできましたと。それで自然に人間の本ができる。

その本ができたところへ、六つのときに一刀流の形を五十六本覚えたというから、剣道はもうそれで終り。殿様の前でその五十六本を立派にやってほうびをもらった。呼吸法と一刀流の形で本体が出来た。その上で稽古するからよくなる。

『小川忠太郎範士剣道講話(一)』二一八―二一九頁

ポイントは、姿勢を正して、胸式ではなく、腹式による呼吸、すなわち臍下丹田《せいかたんでん》を充実させる呼吸法です。呼吸法は、素振りや切り返し、打ち込み稽古や掛かり稽古等をおこなうなかで養っていくことができます。切り返しでいうと、相手の左右面を連続して七本あるいは九本打つ間に下腹部の臍下丹田に息を蓄え続けることによって錬成します。これによって養われる効果については昔からいくつかの言い伝えがあり、たとえば、「切り返し十徳」註四六には、掛かる側は「呼吸が長くなる」そして「臍下納まり体は崩れない」とあり、他方「受け八徳」註四六には、受ける側は「心静かに落ち着きを生ずる」などとあります。

剣道形の太刀・小太刀の一本一本の形を一呼吸で打つこと、あるいは九本の切り返しを一呼吸で打つということは、最初は本当に苦しい稽古に思えるものです。しかし、三年、五年、十年と努力と工夫を積み重ねていくうちに、次第に下腹部の丹田部に張りのある気海ができてくることでしょうし、そうなればきっと充実した気勢の溢れる正しい姿勢も身についてくるはずです。

切り返しのかたちが出来ても、「気剣体の一致」が出来なければいけない。それはどういう事かというと、呼吸が下がっていなければいけない。初心の人は胸で呼吸する。それが腹へ下がる。

しまいには「かかと」まで下がる。そこまで行けば満点だ。切り返しでこれを練る。これが本当に出来れば、剣道の大部分は終わり。あとは、形で理合（りあい）をやって行けばいい。切り返しで「気剣体の一致」を練る。

『小川忠太郎先生剣道話　第一巻』九〇頁

刀耕先生がおっしゃるように、稽古では呼吸をグッ、グッと下げる呼吸法の実施を心掛けることが大切です。これによって剣道の大原則である気剣体の一致の質を大いに高めることができるというわけですから、正しい呼吸法の「工」と「錬」ということをぜひ日常の稽古で心掛けていきたいものです。


註四三、一九八八年九月二日、日本武道修錬会（現・日本農業実践学園、茨城県水戸市内原町）の夕食後の席で刀耕先生（八十七歳）が語られたことば。聴き手は会長の加藤達人氏と著者の二人。

註四四、『剣道試合・審判規則』（全日本剣道連盟刊）「第二章　試合　第二節（有効打突）第十二条」

註四五、高野佐三郎範士（一八六二〜一九五〇）。刀耕先生が十八歳で入門した修道学院の院長。名著『剣道』（初版、大正四年、また復刻版、昭和六十一年、島津書房刊）の著者。なお、高野範士の人生並びに剣道の業績を知るために『高野佐三郎剣道遺稿集』堂本昭彦編著（平成十一年、スキージャーナル株式会社刊）が参考となる。

註四六、千葉栄一郎編『千葉周作遺稿』（体育とスポーツ出版社刊、平成十三年、二一一―二一二頁）では「剣術打込十徳」、「剣術打込臺八徳」と呼ばれているが、現代の呼称は堀籠敬藏著『剣道の法則』（体育とスポーツ出版社刊、平成十四年、六五―六六頁）の研究にならった。

第二十六講 **呼吸力（下）**

呼吸法は剣道の極意である。年をとると稽古が出来なくなるが、呼吸法を錬った人だけはできる。

『小川忠太郎範士剣道講話(一)』「剣道と呼吸」二一二頁

若いうちから呼吸法をしっかり鍛えておくと、高齢者になっても剣道を楽しむことができると前講で述べたところですが、それは呼吸法の工夫と鍛錬によって「気・剣・体の一致」の「気」を大いに養うことができるからです。

まず、「剣」の力と「体」の力は剣道の実力を構成する二大ファクターです。これらがよく調和して一体化したときに最高の攻めや技が生み出されるのであるといわれますが、それには充実した「気」の働きが絶対に不可欠です。このような重要な働きをするにもかかわらず「気」とは何かとあらためて説明しようとしてみるとなかなか容易ではないことに気がつきます。そこで例によって刀耕先生の講話録を開いてみると、実に明解なご教示を得ることができます。

「気」というのは「呼吸」だ。白隠禅師が、「生を養うに、気を養うに如《し》かず。気尽くる時は、身死す」と言っている。生命力だね、気息というのは。これが土台になる。

『小川忠太郎先生剣道話　第二巻』一三八頁

まず、「気」[註四七]とは「呼吸」であるということです。旺盛なる気力をもっておこなう剣道のみならず生き生きとした日常生活の土台となるのは、結局、呼吸であるということですから、息を呼《は》いたり吸ったりという普段無意識におこなっていることを意識的に捉えなおし、改めて正しい呼吸法を工夫してみることが大切ではないでしょうか。

呼吸はまた、相手との攻め合いにおける隙《すき》ということにも大いに関係しています。打突の動作をおこなうときは息を止めているか、呼気の状態であるというスポーツ科学の観察があります。この事実を踏まえて、打突動作ができる一定の呼吸状態を「実」、これに対し打突動作を起こすことや応じる動作をおこなうことが困難である状態を「虚」と呼ぶことにします。そうすると息をグッと吸い終わり呼気が開始されたところから終了するところまでが「実」の状態にあたります。反対に息を呼き終わって吸気が開始されたところから終了するところまでが「虚」の状態にあたり、これが呼吸の面からみた隙になります。それで両刃交鋒《りょうじんこうぼう》の最中に呼吸を相手に読まれないように注意すべきであるということや、吸気は速《すみ》やかに、そして呼気はおもむろにという教えが生まれてきたのではないでしょうか。

では「気」を養う修錬はどのようにすればよいのでしょうか。これについて刀耕先生は、禅の呼吸法を修錬の基本として教示してくださいます。

呼吸法は具体的には「数息観《すうそくかん》[註四八]」。スーッと息を吸う。吸うときに雑念を交えない。息をズー

ッと吐いていく。吐く息の中に雑念を交えない。スーッと吸って、ズーッと吐く、これで一つ。その次はふたーつ、それからみーっつ、と姿勢を正して十までいく。十までいったら、十一、十二……と二十までいく。それから三十、四十……と百までいく。これでいい。

数息観。息を数える。これは誰でもできる。小学生でもできる。…〈中略〉…ところがそういう修行があるということに気がつかない人が多い。

初めての人は百まで数える。ある程度できた人は十まで数える。そして終いには数を数えることを忘れてしまう。息をしながら数息観をしているのだが、それを忘れている状態。ここまでいく。

そして最初は百までやるが、途中で雑念が入ったり他のことを考えたりしたらやめて一からやりなおす。これが大事。それである程度できてきたら、今度は十までの間に雑念が入らないようにやる。これは難しい。だがここまでいくと日常生活に使える。これが呼吸法の極意である。

『小川忠太郎範士剣道講話㈠』二一四—二一五頁

剣禅一味の妙境に到達[註四九]されていた刀耕先生は呼吸法についても奥義に達していらっしゃいました。長年の修行によってこれだと掴《つか》んだ呼吸法の勘どころにもかかわらず、これを開示して後進の私たちを正しい修行の方向へと導いてくださいます。何と有難いことでしょうか。

私が八十八のこの年まで稽古が出来るのは古流の形と禅、この二つをやっているからである。坐禅をやると下腹へぐーっと力が入ってくる。八十を越えると下半身（足腰）が弱くなり、それで稽古が出来なくなってしまうのだが、足腰さえしっかりしていれば、いくつになっても稽古は出来る。これは呼吸法。この呼吸法が坐禅と形で出来るようになる。

『同上』二六八頁

刀耕先生は実際に九十歳になっても日本武道館における全剣連の合同稽古の元立ちに立たれ、人間形成の剣道は死の終焉を迎えるまで生涯修行であるということを垂範されました。その秘訣について、剣道は足腰がしっかりしていさえすればいくつになっても稽古を続けることができるが、それには形稽古で呼吸法を練り、さらに坐禅の数息観で呼吸法を養うのが一番良いと教示されています。大先達の貴重なことばをよく味わって精進し、超高齢化時代の人生を「正しく、楽しく、仲良く」、そして活き活きと全うしてまいりたいものです。

註四七、「気」とは「浩然の気」のことをいい、刀耕先生は「**人間形成をしようと志を立てたら、先ず孟子の説く気魄、『浩然の気』を養うのが第一**」（『剣道講話㈢剣と道』「浩然の気」一四頁）であると述べている。
原典の『孟子』「公孫丑上」によって「浩然の気」についてみると、弟子の公孫丑《こうそんちゅう》が孟子《もうし》に「敢《あ》えて問う、夫子悪《いずく》にか長ぜる。」（現代語訳「失礼ですが、先生は何がお得意なのですか。」）と尋ねたところ、孟子は「我善《よ》く吾《わ》が浩然の気を養う。」（現代語訳「わたしは浩然の気を養っている。これが得意だ。」）と答えます。公孫丑がさらに「敢えて問う、何をか浩然の気と謂《い》う。」と尋ねると、孟子は「言い難《がた》し。」（ことばで定義することは困難だ。）と答えますが、次のようにことばを続けています。「その気たるや、至大至剛《しだいしごう》。直《ちょく》を以て養いて害《そこ》なうことなければ、則ち天地の間に塞《み》つ。」（「浩然の気というのは、何物よりも大きく、どこまでもひろがり、何物よりも強く、ちっともたわみかがむことなく、まっすぐに育ててじゃまをしないと、天地の間にいっぱいになる。」）貝塚茂樹訳『論語・孟子』（中央公論社刊、昭和四十一年）による。

註四八、『数息観のすすめ』（立田英山述、人間禅叢書第一編、人間禅教団刊、昭和五十八年、第六版）が参考となる。

註四九、『百回稽古』「第七十回目」（先生五十八歳）を参照のこと。

第二十七講 稽古の質と量

「思い邪《よこしま》無し」は、稽古の質だ。「鍛練」は、稽古の量。この質と量が、両方ピタッと行って、上達する。

剣道をしている以上、上達を望まない人はいないだろうと思います。その鍵は稽古にあるということもよく知られています。しかし、鍵の中身について熟考してみると、稽古の質の側面と量の側面が問題となる、ということが本講のテーマです。

『小川忠太郎先生剣道話　第二巻』三頁

宮本武蔵は、剣道の修行の要点註五〇を九つ書いているが、大事なのは、最初の二つだ。第一は、「邪《よこしま》無き事を思うところ。思い邪無し」。それは、ひとつは姿勢だ。姿勢が正しければ、邪心、雑念が無くなる。「まっすぐ」。これが根本だ。…〈中略〉…第二は、「道を鍛練するところ」。稽古に数を懸ける。稽古量。これをやらなくちゃいけないね。

『小川忠太郎先生剣道話　第二巻』三頁

まず教えの最初のポイントは、「質」の修行を心掛けよ、というものです。これは心の側面に関する工夫を指すもので、たとえば、いかなる不誠実な想いをも抱かないようにして、心に雲をかけないように努め、心を清澄に保っていくということです。これを正念相続《しょうねんそうぞく》の修行といいますが、決して一朝一夕にできるものではありません。しかし刀耕先生は、その難しい修行の先には人間形成の結果として、人生に大いなる楽しみが生まれてくるものであると説かれています。

宮本武蔵は日常、この工夫をしていた。『五輪書』地の巻に、「我が兵法を学ばんと思ふ人は、道を行ふ法あり」として九ヶ条[註五〇]をあげ、第一条に「邪《よこしま》なき事を思ふ所」とある。嘘をついてはいけないということである。

武蔵はいつも汚い着物を着て風呂にも入らない。そこで弟子たちが、先生はどうして風呂に入らないのかと尋ねると、「身体の垢《あか》は桶《おけ》一杯の水でとることが出来るが、心の垢はとる暇がない」と。

妄心《もうしん》を正念化する。念々正念の工夫を絶やさず、二天道楽と号して、道を楽しみ、本当の人生を味わい得た道人である。

『小川忠太郎範士剣道講話㈡不動智神妙録』「本心、妄心」六五頁

そこで、心に霞をかけないためには、正しい姿勢を養うことが肝要であると教えてくださいます。たとえ相手を前にして構えても自然な姿勢を崩さないだけの修錬が大いに望まれます。さもないと、「打たれたくない」とか「見事に打ってやろう」などという煩悩《ぼんのう》が次から次へと浮かんできて、心の自由が奪われてしまうことになるからです。

もう一つの大事なポイントは「量」の修行も心掛けよ、というものです。昔から、剣道は一にも稽古、二にも稽古、三、四がなくて五にも稽古といわれ、とにかく数をかけて励むことが大事です。『五輪書』には「千日の稽古を鍛《たん》とし、万日の稽古を練《れん》とす」註五一と記されています。しかし「質」と「量」のバランスの取れた稽古による修行の道をうまずたゆまず長い歳月をかけて歩んでいくためには、発心・決心・相続心註五二という三心と努力以外の方法では決して容易に成し遂げることはできないということをよく心に銘記しておきたいものです。

刀耕先生は、他の日常生活の分野にも応用の利く「質×量＝上達」という方程式をとくに剣道にあてはめて、実に穿《うが》った修行の方法論として教示してくださいます。どちらかというと量よりも質の稽古のほうが苦手であるとする人のほうが多いように思われますが、その場合には次に引用する姿勢と心の関係についての講話がきっと重要な示唆となるはずです。

> 質に関係のあるのが、姿勢。まず、姿勢を正す。そして、気持ちは「気海丹田《きかいたんでん》」に下ろす。これが最初の修練だ。これを外さないようにね。姿勢と心の関係。だから白隠禅師も『夜船閑話』で、「生を養い長寿を保つの要、かたちを練るに如かず」と言っている。「かたち」、これが根本だ。「かたちを練るの要、神気をして丹田・気海の間に凝《こ》らしむるにあり」。心気を気海丹田に収める。真っすぐの姿勢で足腰の方に気合が収まっていれば、これで良い。「姿勢」と「丹田に収まる」は二つではなく一つだ。まずは最初は正しい姿勢から。
>
> 『小川忠太郎先生剣道話　第二巻』三―四頁（昭和五十七年七月二十五日の講話）

質の修行とは、結局、心の修行のことをいい、思い邪無しという正念は、正しい姿勢の養成によってこそ養われるのであるということです。ここでも丹田呼吸が重要な意味を持つということに留意し、刀耕先生の重要な教えを能々《よくよく》吟味《ぎんみ》し、明日の向上を楽しみに精進を続けてまいりたいものです。

註五〇、宮本武蔵著『五輪書』（ワイド版岩波文庫、三六―三七頁）に九つの条件が示されている。
「第一に、よこしまになき事をおもふ所
第二に、道の鍛練《たんれん》する所
第三に、諸芸にさはる所
第四に、諸職の道を知る事
第五に、物毎《ものごと》の損徳をわきまゆる事
第六に、諸事目利《めきき》を仕覚《しおぼ》ゆる事
第七に、目に見えぬ所をさとつてしる事
第八に、わづかなる事にも気を付くる事
第九に、役にたゝぬ事をせざる事」
註五一、『同右』「水之巻」より。
註五二、第十一講「発心、決心、相続心」（五二頁）を参照。

第二十八講　稽古の楽しみ

剣道は四十代にしっかり修行しておくと五十代になっても使える。

剣道の楽しみにはいろいろありますが、誰にも共通することは、今日の稽古は前回の稽古と比較してうまくやることができたかどうかということではないでしょうか。

十代、二十代の青少年時代、あるいは二、三十代の初・中級者の頃には、たとえ苦しい稽古に思えても、これを堪えていきさえすれば、思わず「自分は伸びている！」という歓喜を直覚することができ、それが次の精進へ向けての大きな推進力となります。しかし四、五十代の中・上級者ともなると、稽古の性質が量的なものから質的なものへと変容し、それとともに「伸びている」という感覚が極めて稀《まれ》な体験となってくるものです。

稽古によって得られる充足感は、修行目的をどこに定めているのかということによって、人それぞれに変化するように思われます。たとえば、刀耕先生の『百回稽古』にこんなことが記されております。

『百回稽古』一一二頁

九月十二日(月)、妙義にて持田先生の言。

鶴海君註五三曰《いわ》く、自衛隊のＢ君が持田先生に願い、一本もあたらぬので面白くなかった、と言うと、先生曰く「あたらなければ面白くないのか、アッハハ……」
味ある言かな。

『同上』八九―九〇頁

実《まこと》に味わい深い話であると思います。普通、下手《したて》が上手《うわて》にかかる場合には、当然のことながら下手のほうが力が劣り、上手を相手に思うように打つことなど容易にできるものではありません。ましてやB氏がかかった相手は〝昭和の剣聖〟といわれる持田盛二範士でした。お願いをした指導稽古で一本も打つことができなかったために稽古が楽しくないという感想を抱いたということですが、B氏の稽古が自分の稽古であったとしたらと想像して反省をしてみる価値がありそうです。稽古は、単に打った、打たれたという現象にだけこだわっていると、本当の醍醐《だいご》味《み》を一生味わえずに終わってしまうかもしれません。

年を取るにつれて、肉体の持つ力も確実に衰えていきます。いくら稽古を重ねても体力の維持が精一杯で、向上なぞ望むべくもないという感想を抱きやすいものです。ところが刀耕先生の日誌を開いてみると、進歩するのは必ずしも若い人たちだけの特権ではないということがわかり、大いに励まされます。

先生[註五四]曰く「剣道は五十でだめになる人もあるが、六十過ぎて稽古をあげる人もある。」

『同上』九〇頁

スポーツ理論の常識として若い人に比して伸び率が期待しづらい五、六十代の剣士にとっての問題は、どうすれば剣の道の奥へと進む楽しみを味わうことができるのだろうかということではないでしょうか。それはいうまでもなく量が減少した分を質でカバーをする稽古を工夫していくことであると思いますが、刀耕先生が大事であると説いてくださる精進のポイントは、「しっかり」ということをよくよく工夫して修行をするということです。

> 剣道は四十代にしっかり修行しておくと五十代になっても使える。五十代にしっかり修行しておくと六十代になっても使える。六十代にしっかり修行しておくと七十になっても使える――。この意味で余の剣道がほんとうによくなるのは六十二、三才からだ。…〈中略〉…それには健康第一、修行第一。（傍線著者）
>
> 『同上』一一二頁

十年後に自分で納得することができる稽古を期待するのであれば、本日只今の稽古が一大事の稽古となる、というのが大先達の貴重な助言です。当時まだ五十四歳であった刀耕先生は、実に簡潔な言葉で心構えの整理をされており、私たちが修行の教訓とするのに大変参考になるのではないでしょうか。また昭和三十年（一九五五）当時、刀耕先生は警視庁剣道師範の重職にありましたが、稽古の工夫に余念のない日々を過ごされていたことが『百回稽古』の日誌に克明に記されています。

ここで大事なことは、そういう高い地位にありながらも十年先の稽古像に希望を燃やしつつ、未在《みざい》！　未在！　という気概を持って修行に精進されていた刀耕先生の姿勢です。プロだから、アマだからというのではなく、生涯にわたって人間形成の剣の道を歩む者として、後進である私たちも刀耕先生の姿勢を模範にして、修行を「しっかり」していくということを新たな目標として設定し、十年後を楽しみに日々新たなりと精進していこうではありませんか。

人間は希望を抱き続ける限り、年齢に関係なく青年であり続ける、といいます。

註五三、鶴海岩夫《つるみいわお》氏。持田盛二範士と増田真助範士を師範とする妙義道場（昭和二十年代後半から三十年代後半）の常連の一人。一九〇七（明治四十年）～一九七五（昭和五十年）。刀耕先生より六歳下。警視庁剣道主席師範。剣道範士九段。

註五四、持田盛二範士のこと。第十三講の註二四（六五頁）を参照。

第二十九講　稽古の姿勢

剣道の要は三昧に入っても、三昧の相続が出来ねばだめ。

『百回稽古』五〇頁

稽古に取り組む姿勢は、年齢や経験によって人それぞれに異なることがあるものです。しかし、正しい剣道の道とはどのようなものであるのかということを、刀耕先生のような大先達から学んでみることは大変有意義であると思います。

まず、『百回稽古』を読み進んでいくと、ある重要な事実に気がつきます。つまり、一回目から最後まで、ほとんど常に「事前の工夫」、「稽古の内容」、そして「事後の反省」という三つの視点から観察されているということです。このような姿勢は、人生万般にわたってあてはまる「段取り、真剣、締め括り」註五五という有益な人生観《フィロソフィー》を根底に置いているものです。私たちが稽古に対する心構えを点検する際に、大変よい参考となるのではないでしょうか。

さて、第八回目（昭和二十九年十二月二十日）の日誌に、次のような記述があります。

反省――本日は、心身統一せぬも抑して願う。その結果、中盤以後は頭がまとまらず、心が澄まず、先生から先々と入られた。

剣道の要は三昧に入っても、三昧の相続が出来ねばだめ。

『同上』五〇頁

すでに「第二十三講」やその他のところでも触れてきましたが、三昧とは、余分な雑念を払拭して「心を一境に専注すること」註五六をいいます。剣道でいえば、真剣になりきることがこれに相当します。本格の道の修行の開始をするためには三昧力の養成が必須条件となりますが、そのためにこそ「三摩の位」註五七という優れた修行法があるということはよく知られているところです。

刀耕先生は、稽古において三昧の境地に至ったとしても、これを持続することができなければ良い稽古ではないとおっしゃいます。が、「三昧の相続ができていない」ということは一体どういうことを意味するのでしょうか。

稽古後、持田先生に質問す。

「今日は二、三回追い込まれて面を打たれましたが、あそこは近間のような気がしますが、近間からぐっと攻められ、下がる所を打たれたのですか」と。

先生曰く「そうではない。一足一刀から私が攻勢に出る所をあなたが技を出してくる。ここでは互に中《あた》らぬ。

そこであなたが立ち直って、もう一本、技を出そうとする時、一寸、気が止るのだ。そこを攻められるから下がる。下がるから打たれるのだ。

あの時、あなたに先の気があれば、私が攻めようとする所を出れば面が打てる。又、突いてもよい。それが出来ないのは気が止るからだ。

一足一刀に対峙している時は、あなたは突が利いているから、あなたの面は打てぬ。然し私が一寸攻め、あなたが技を出し、二本目の技を出そうとする時、一寸気が止る。そこがあなたの面が打てる。

又、あなたがよい真面《まめん》を打つが、それはあたってもあたらなくも相手の気の一寸止った所へ出る。よい所へ出る。

あなたが面を打つのは相手の気の止った所を打つのだ。剣道はここだけだ。そこに実に味がある」（傍線著者）

『同上』五〇―五一頁

この師弟問答から「気が止る」という言葉が何度か聞こえてきます。上の引用文に見える「三昧が相続できない」とはそういう心の現象のことであり、結局、止心《ししん》の稽古を戒めているということになります。

引用した日誌の部分から既に十分に明らかなように、刀耕先生は持田範士という良師の指導を受け（修）、三昧力の相続の修行に精を出し（錬）、そして能々《よくよく》反省・工夫に努める（工）という具合に、まさに三摩の位に則った理想の環境にあって修行をされていたということができます。

ここで大事な点は、正脈の剣道に至る道筋とはどういうものであるのかということです。たとえば本講で話題としている気の稽古ひとつを取り上げてみても、打った・打たれたという現象に一喜一憂して当てっこ剣道の域に留まっていては、課題の解決に接近することなど決して容易なことではないでしょう。「第二十五講」と「第二十六講」で呼吸法のことを話題にしましたが、気とは呼吸のことです。そして呼吸法を鍛錬するということは、高度な剣の道のみならず、また人間形成の道にもつながるものであるということを想い出していただきたいと思います。

刀耕先生のような大先達の修行姿勢から少しでも学び取り、たとえ素人《アマチュア》剣士であっても、またたとえ僅《わず》かであっても真似《まね》をしてみることができることがあるとすれば、それは自分の内なる心のほうをもっともっと相手にすることです。そして気の流れが止まらない稽古を心掛けることです。気が切れたならば、オッと注意し、三昧力の持続を養います。これこそ克己という自己を相手にした稽古ですから、素人も専門家も差別はありません。どなたでもこの平等に開かれている大道を通って、奥へと剣の道を歩んでいくことができるのです。

ほんの少しでも本筋の剣道へと近づいてみたい。これは剣道を愛する者であれば誰しもが心密かに抱く情熱ではないでしょうか。刀耕先生から得た魂《こころ》を新たな希望の光として、さらにまた精進を続けてまいりたいものです。

註五五、第十二講「段取り、真剣、締め括り」（五六頁）を参照。
註五六、『新版　禅学大辞典』大修館書店刊、一九八五年。
註五七、第二十二講「三摩の位」（一〇四頁）を参照。

第三十講　正念相続

結局、ギリギリの間で正念が相続すれば勝、正念が切れれば負也。正念相続は工夫によるの外なし。

『百回稽古』六九頁

前講の要点は、相手と対峙している最中に気が止まればそこを打たれるので、気が止まらない稽古を心掛けることが大事である、というものでした。この「気」は「三昧」ともいいますが、また「正念」ともいわれ、剣道修行の眼目は正念相続の修行にあるといっても決して過言ではないでしょう。実際、刀耕先生は次のように述べております。

特に気の相続、正念相続に命を懸ける事が秘訣である。この正念相続こそ正しい剣道の根幹であり、人間形成の嶮関《けんかん》である。

『剣と禅　小川忠太郎述』「剣道の理念について」四三頁

一般に、「念」とは人の心に浮かぶ「思い」「考え」「気持ち」などのことをいいますから、正念とは正しい思い・考え・気持ちであるとみなしてよいわけです。しかし刀耕先生が説かれるところによれば、正念とは純真、素直あるいは至誠のこと[註五八]をいいます。別言すれば、五戒《ごかい》[註五九]の「嘘《うそ》をついてはいけない」や『五輪書』の「よこしまになき事をおもふ所」[註六〇]にあたります。また、「相続」とは「続けること」ですから、結局、相手と対峙しつつもそういう心を持ち続けることが正念相続であると理解することができます。
正念の工夫とか正念の不断相続という言葉を口にすることは実にたやすいことですが、これを道場で実践するのは決して容易なことではありません。その難しさは銅皿裏満盛油《どうさらりまんせいゆ》というたとえ話によって想像してみることができるでしょう。

昔、地獄で死刑になる者に対し、鬼が〝お前は死刑になるのだが、銅の皿に油が一杯盛ってある。この皿を持って一滴もこぼさず、向う側まで行けたら命を助けてやる〟と言う。死刑囚は、油の一杯入った皿を持ってジーッと歩く。鬼は、その後から刀を振り冠って一滴でもこぼしたら、一刀両断にするつもりでついていく。死刑囚は、命懸けで一滴の油もこぼさず向う側に至り、命が助かった……〈後略〉……。

『同上』一一五頁

解説は不要に思えるほどわかりやすい話ですが、いろいろな教訓が含まれているように思えます。剣道にあてはめてみるなら、稽古開始の立礼から終了の礼をし終えるまで、自分という容器になみなみと正念を満たし、妄念・雑念によって心身に行き渡っている至誠という「油」がこぼれて漏れたり、途切れたり、あるいは減少することもなく、終始一貫して持続するように努めていくことが肝要であるということになります。
刀耕先生は、むずかしい正念相続の修行の在り方について、次のように説いて道に志そうとする私たちを励ましてくださいます。

ここの修行は、「正念」がどこで切れるか、どこが切れないか、自分で綿密にやって行くしか術はないです。日常生活に於いて、その切れる所は、その人その人で違う。自分は、どこで切れるか。切れない所はどこか。そうやって、正念の工夫が続くようにする。これが、正しい修行。ですから、人間禅教団では、正念を誓うとは言わない。「正念の工夫、断絶するなからん事を願う」と言っている。われわれは、すぐ「正念」が切れる。だけど、切れたっていい。いくら転んだっていい。転ばないという事は、転びっきりだからだ。転んだら、また起き上がればいい。こういうようにして、ズッ・ズッ・ズッとやる。これ以外にやり方は有りません。

『小川忠太郎先生剣道話　第二巻』八八―八九頁

打突の技のみならず、こういう心の側面に関する稽古が持つ意義の大きさに目を向けることができたとき、「夫《そ》れ剣は心なり、心正しからざれば、剣亦《また》正しからず。須《すべから》く剣を学ばんと欲する者は、先《ま》ず心より学ぶべし」[註六一]という名言の意味するところが自ずと明らかになってくるのではないでしょうか。それどころか、剣道の理念に謳《うた》われている「剣の理法の修錬による人間形成の道」ということの意味もより鮮明になってくるように思われます。

念々正念の修行は、道場の中だけではなく、日常生活の上でもできるだけ工夫を心掛けたいものです。なぜならばこれによって培われる人間性は、剣道のみならず、日常社会生活の対人関係においても重要な役割を発揮するものであるからです。

打った打たれたの稽古なら、年をとって体が衰えればできなくなる。正念相続の修行は年齢や体には関係ない。だから楽しいし、また楽しいから続ける道力が内から湧き出るのである。

『剣道講話㈢剣と道』「発憤」九四頁

註五八、『小川忠太郎先生剣道話　第二巻』（八一頁）において、さらに次のように説かれています。

両忘庵宗活老師は、「正念相続とは、その人々にある。子供は子供、青年は青年、年寄りは年寄り、その人の境涯に正念はある」と言われておられますが、その通りですね。その通りではあるが、これはなかなか大変なものです。これに入るには、道から入るより外ない。涅槃経に【道に入るには、聞思修から入れ】とある。まず第一は「聞く」、明眼の師家に会うという事。変な方へ引っぱっていかれてしまうと、一生迷わされてしまう。これは、縁ですね。…〈中略〉…そうして、次は自分で工夫をする。これをしっかりやらないと、【道に聞いて、道に説くは、心過ぐなり】。頭だけで、分かったと思うのでは駄目なんだ。「ズーーッ」と自分のものにする。これが工夫。「思う」という事。これは大事な事です。「思いは正に至る」と迄言われている。これが大事なんです。しかしそれ迄は、門外漢だ。中身は、「修」。修行をする。これがポイントです。これを通らないと、道には入れない。「聞」「思」「修」、どの一つ欠けても道には入れません。

註五九、第八講「五戒㈠」（三七頁）を参照。

註六〇、宮本武蔵著『五輪書』（ワイド版岩波文庫、三六頁）を参照。

註六一、第三講「感謝の念」註二一（一九頁）を参照。

第三十一講　一本の事《わざ》

一本の事(わざ)には、始めから終りまで三段階がある。遠間、一足一刀の間、残心、この三つを貫くものは一刀、その一刀は至誠である。

『小川忠太郎範士剣道講話㈡不動智神妙録』一一三―一一四頁

有効打突の一本の事《わざ》註六二。この修得をめざして私たちは日々稽古に励んでいます。しかし一本の打突とは一体どのような要件によって構成されているのでしょうか。この問題を考えるには『剣道試合・審判規則』に規定されている有効打突の条件註六三が参考となります。「有効打突は、①充実した気勢、②適正な姿勢をもって、③竹刀の打突部で④打突部位を⑤刃筋正しく打突し、⑥残心あるものとする。」（番号は著者）これを次のように整理してみると、一本の技に習熟するということは、結局、心法、体法、そして刀法の三要素からなる剣の理法を修錬することにほかならないということがよくわかります。

・気勢の充実……心法
・適正な姿勢……体法

・竹刀の打突部の適正な使用……刀法
・打突部位に対する適正な打突……刀法
・適正な刃筋の使用……刀法
・充実した気構え（残心）……心法
・適正な身構え（残心）……体法

打突の瞬間やその後のことについては確かにこのとおりであるのですが、ではその前までの情況はどのようになっているのでしょうか。稽古や試合で対峙する二人の間《あいだ》に存在する間《ま》の関係は、一体どのように変化するのが望ましいのでしょうか。たとえば、普段見かける稽古や試合においては、蹲踞から立ち上がったときにはもう剣先が交わっているケースが決して少なくないようですが、これに関連して刀耕先生は稽古の本筋について次のように述べております。

今の稽古は、竹刀の触れ合うところで蹲踞しているが、これではだめである。剣先の触れ合うところは、斬るか斬られるかのギリギリの間合であって、そこから始まるのではない。

…〈中略〉…

遠間から始まって、剣先が触れ合ったときには、先になっていなければいけない。打ち間に入ってから、ゴソゴソやっているようなことではだめである。

『同上』一二四頁

昭和51年５月６日、第24回京都大会にて黒住龍四郎範士九段（京都・右）と立ち合う

稽古や試合における攻め合いは、剣先がまだ触れ合わない遠間[註六四]から始まるのであるとあらためて認識してみることが大事です。この遠い間合においては次のような境涯を養成すべきであるというのが刀耕先生のご指導です。

遠間は「敵をただ打つと思うな身を守れ、おのずから洩《も》る賤《しず》ヶ家の月」というところである。この間合は、在るのは自分一人であって、相手は居ないのである。乾坤《けんこん》只一人である。

『同上』二一四頁

浩然の気の緩《ゆる》みなく、ジリジリと互いに攻め合い、さらに両者の距離が狭まってくると、いよいよ一足一刀生死の間に入ることになります。この息も漏《も》らせぬ厳しい状況下における修錬のポイントを、刀耕先生は次のように教示してくださいます。

遠間から一足一刀生死の間に入る。ここのところで先になっていなければならない。しかしながら、この、先にならなければいけないところで気が弱くなってしまう、相手も来るから。そこのところで、ぐっと出てしまう修行をすることである。

「振りかざす（切り結ぶ）太刀の下こそ地獄なれ　ぐっと踏《ふ》ん込《ご》め　あとは極楽」で、ぐっと踏み込むことである。

一刀流で言えば、「上からざっぷり浴びるとも、突き破って勝て」というところである。この精神が大事なのであって、ここで勝負がつくのである。

『同上』一一五頁

ぐっと踏み込んで打突がおこなわれても、打ちっ放しにしないことが大切です。「先・断・残」という、いわゆる「三んの教え」と呼ばれるものがありますが、その三番目の残心を示さなければなりません。

打突で勝負がついても気を抜いてはいけない。すぐに元の心に返る。打って打たざる以前に戻る。これを残心という。

『同上』一一五頁

刀耕先生の言葉を本にして一本の事《わざ》が成立するための相手と自分の間合についてみてきました。一本の事《わざ》とは、遠間、一足一刀生死の間、残心という三つの段階から成り立つものであるということがこれで明らかになったと思います。しかしこのすべてを通じて貫くものがなければなりません。それが「一刀」の心です。そして「一刀」とは「至誠」であるというのが冒頭に引用した刀耕先生の教えです。敢《あ》えて屋上に屋を重ねる説明を加えることにすると、一本の事、すなわちその三段階を貫くものは、前講で触れた正念相続ということに他なりません。

遠間、一足一刀の間、残心、この三つをよく心にとどめておいて、自分はどこに欠陥があるかということを、常に反省することが大切である。

『同上』二一五―二一六頁

長所・短所は人によって異なりますから、日常の稽古において自分の足らないところはどこにあるのかということを謙虚に振り返ってみようではありませんか。足らないところを補う工夫をしてはまた稽古に臨む気概も、ぜひ忘れないようにしたいものです。こうした姿勢こそ、一心一刀の稽古の実現に向けて、きっと大事なターニングポイントになるはずです。

註六二、「わざ」を「技」と表記しても誤りではないが、狭義に解されるおそれがあり、そのため本講では敢えて「事」と表記した。
註六三、『剣道試合・審判規則』「第二章　試合　第二節（有効打突）第十二条」（全日本剣道連盟刊、平成十一年）
註六四、「**剣道は、正式には、形のように遠間が始まりである。三間の間合で、例えば相手が上段ならば、こちらは平正眼という風に、相手に応じた構えをする。**」『剣道講話(二)』二一四頁。

第三十二講 切り返し

「一心一刀」。一日のうちに一本そういう技が出れば大成功。一週間に一本もそういう技は出ない。一生懸命にやっても、一年に一本も出ない。だけれども目標はそこだから、しっかりやるように。

『小川忠太郎先生剣道話 第一巻』五五―五六頁

一本の技（事《わざ》）を形式的に表わすと遠間・一足一刀生死の間・残心という三つの段階に分けることができ、これを貫く内容は一刀という至誠である、ということが前講のポイントでした。換言すれば、これは「一心一刀」ということです。この境地に達することを目標に精進することは、剣道の修行において、大変重要なことです。

一心一刀の精神は、たとえば、素振りや切り返しという基本的な稽古方法によって養うことができますが、これには数をかけることが大切です。これは気剣体の一致を養うための方法でもありますから、基本といえども決して軽んじることはできません。また素振りの回数を増やすにしても、ただ竹刀を機械的に振り回すような稽古法では、進歩はおぼつかないものです。したがって、実行しても意味のある内容を各自が工夫していかなければなりません。具体的にいえば、姿勢を正し、気息を臍下丹田《せいかたんでん》に充実し、相手から目付けを離さないようにし、そして一振りごとに相手の正面を打つということに気持ちが集中するようにすることが大事です。

　これは三昧力を持続する修錬でもあります。したがって一心になるということは余分な雑念は一切抱かないようにするということであり、「打つ」なら「打つ」という心に成りきることを意味します。「相手には打たれないで、自分だけいいところを打ってやろう」などという二念以下の妄念《もうねん》はすべて断ち切ってしまう修錬をすることでもあるのです。こうした内面の修行は、方法を聞いて頭で理解しているだけでは決して容易に実行できるものではありません。とにかく、稽古に数をかけ、質的な稽古内容を高める努力をし、修行者自らが自得する以外に術《すべ》はないのです。これはまさに刀耕先生が説かれるところでもあるのです。

切り返しが出来れば、もう「一心」という処へいけるんだ。気・剣・体の一致、自己統一できる。これに数をかける。切り返しは準備運動じゃないんだ。気・剣・体の一致を体得する為の一つの手段だ。

『同上　第二巻』一〇八頁

　切り返し[註六五]では、何回か左右面を打った後に身体の無駄な力が抜けたところから無心の正面打ちを発することができれば、それが最善の稽古となり、またそうした稽古の積み重ねによって剣道がよく練《ね》れてくるものであるといわれます。基本の稽古であるとはいうものの、初級、中級と道の階段を上るにつれて、切り返し稽古の目的と実践上の留意点をよく把握しておくようにすれば、一心になる度合いも高まり、それとともに気・剣・体一致の程度もきっと深まっていくはずです。

切り返しの目的とは、『剣道指導要領』[註六五]によると、「剣道の『構え（姿勢）』、『打ち（刃筋や手の内の作用）』、『足さばき』、『間合の取り方』、『呼吸法』さらに『強靭《きょうじん》な体力』、『旺盛な気力』などを養い、『気・剣・体の一致の打突』の習得」であるとしています。またその効果については、「切返しの得《とく》」[註六六]として二十項目もの多岐にわたって記している文献もあります。しかしながら、実際に効果をあげ、そして目標に接近するためには、まず何よりも稽古の主体が一心一刀に成りきれるように大いに努めなければならないということを忘れないようにしたいものです。

刀耕先生は、一刀の修錬を積む際の心得として、次のような重要な示唆を与えて励ましてくださいます。

要点は「百練自得」。覚えるんじゃない、やって自得する。中庸《ちゅうよう》という本にね、「ひとが一回やったら十回やれ、十回やったら百回やれ、百回やったら千回やれ、愚といえども必ず明」[註六七]と書いてある。初めはもやもやしていても、必ずはっきりする。「弱といえども必ず強」。弱い者でも必ず強。秘訣は数をかける。修練。百練自得。それを頭に置いてね。

『同上　第一巻』五五頁

昭和63年11月15日、全剣連合同稽古で切り返しを受ける小川範士(87歳)

一心一刀の境地を自得することは至難のことであるように思われますが、刀耕先生は上達のコツはまず稽古に数をかけることであると励ましてくださいます。その努力を継続していくのは他人ではなく、自分であるということを自覚して、ぜひ勇気をもってこの課題に取り組んでいきたいものです。

さて、刀耕先生は、一心になるコツをもう一つ別な角度から説かれて、剣道のみならず日常生活も同様に、突き詰めれば「現在」ということになってしまうと教示してくださいます。貴重な修行の糧として能々《よくよく》味わってみたいものです。

剣道は、突き詰めれば「現在」という事になっちゃう。何もありはしない。過去じゃない。将来じゃない。「現在」だ。「現在」が充実しているという事。打つ前に、思わず剣先が「ズーッ」と出る。これが「現在」。これが「一刀」

なんだ。こういう所には、なかなかはまらない。はまらないが、一生懸命やっていると、たまにはまる。この「現在」を続ける修行をする。はまった所を「正念」という。うまく打とうとか、何とか思うのは雑念妄想。そんなのは駄目だ。「正念」、これ一本。

『同上』八二頁

註六五、『剣道指導要領』（全日本剣道連盟刊、初版、二〇〇八年、六八頁）によれば、「切り返しとは、正面打ちと連続左右面打ちを組み合わせた剣道の基本的動作の総合的な稽古法である。剣道を習う者にとっては、初心者も熟練者も欠かすことのできない大切な稽古法である。」と記述されている。

註六六、野間恒《ひさし》著『新訂剣道読本』（講談社刊、昭和五十一年、五六―五七頁）に、「一、姿勢がよくなる。二、業《わざ》が烈《はげ》しくなる。三、息が長くなる。四、打ちが強く確実になる。五、肩の関節が柔軟《じゅうなん》になる。六、手の内の冴《さ》えが出てくる。七、腕の働きが自由自在となる。八、体が軽く自在となる。九、長い太刀《たち》が自由に使えるようになる。十、体勢が崩れないようになる。十一、目が明らかになる。十二、業が速くなる。十三、足捌《さば》きがよくなる。十四、心が静かになる。十五、打ち間が明らかになる。十六、太刀すじが正しくなる。十七、遠間から打ち込めるようになる。十八、気分が強くなる。十九、腕が丈夫になる。二十、体が丈夫になる。」とある。

註六七、刀耕先生は噛《か》み砕いて述べておられますが、該当する部分の原典は次のとおり。「人一能之己百之、人十能之己千之。果能此道矣、雖愚必明、雖柔必強」（人一《ひと》たびしてこれを能《よ》くすれば、己《おの》れはこれを百《もも》たびす。人十《と》たびしてこれを能くすれば、己れはこれを千《ち》たびす。果《は》たして此の道を能くすれば、愚《ぐ》なりと雖《いえど》も必ず明らかに、柔《じゅう》なりと雖も必ず強からん。）金谷治訳注『大学・中庸』（岩波文庫、一九九八年刊）による。

第三十三講　隙

きれいなものを見てきれいと思うことは正しい。だがきれいなものを見て、それに執着してしまって二念以下のものが出てくると邪となる。これを「隙《すき》」という。すき間があるという。

『小川忠太郎範士剣道講話(一)』一九〇頁

剣道においては、隙のない構えや動作の修得を理想としますが、『剣道和英辞典』（全日本剣道連盟刊、平成十二年）によると「隙」とは「恐《きょう》、懼《く》（恐れ）、疑《ぎ》、惑《わく》の生じた心の隙間と、剣先が相手の中心から離れたり、手元が上がる、または下がるなどして生じた動作の隙間や構えの隙間などのこと」であると定義されています。

形の上の隙は初級者によく見られますが、これは正しい中段の構えからの素振りや切り返しなどを何度も何度もくり返して稽古することによって矯正することが比較的に容易にできるものです。しかし表面に見えにくい心の隙となりますと、これをなくす工夫は容易なことではありません。冒頭に引用した刀耕先生の言葉は大変含蓄に富んでいますから、少し立ち止まって考えてみる必要がありそうです。

たとえば、春に咲くきれいな花を見て、きれいだなぁと思うことは自然なことです。それだけならば一念です。しかし、その美しさに執着して、枝を手折って家の花瓶に飾ろうかなどと余分なことを考えるとしたならば、これは二念。それが邪念であり、心に隙間を生む原因となります。武道ではとくに心の隙を嫌いますが、これについて刀耕先生は宮本武蔵の例を挙げています。

中段でガチッと構えていると隙がないなどというが、そうではない。心に隙がなければ構えなどはどうでもいい。宮本武蔵はうまいことを言っている。「心に用心して身には用心せず」と。心に隙をつくるな、体なんか隙だらけでもいいと。ところが今の稽古は、身に用心して心に用心しない。心は隙だらけ。これでは反対だ。

『同上』一九〇頁

武蔵の時代は真剣で命のやり取りをしていた武術の時代でした。したがって勝負において少しでも相手に隙を与えたりすれば、たちまち生命《いのち》を失うことにつながるという、まさにやり直しのできない大変な時代でした。現代は武道の時代といわれ、剣道は人間形成を目的としておこなわれています。稽古や試合で打ち合いの勝負をしますが、相手に打たれる場合には、やはり隙を打たれるのであるという点において武蔵の時代と似ているといえましょう。この隙がどこから生じてくるのかということについて、刀耕先生は次のように指摘されています。

隙は何かといえば、打とう、打たれまいとする、そう思うことが隙。打とうと思うとあせりが出て来る。それが隙。打たれまいとすると畏縮する。それが隙。だから、ただ「勝つ」の一念で

ずーっとやる。これを「正念」という。これを知らない人が多い。勝敗を超越しろなどと言うが、勝敗を超越してどうなるだろう。そんなことより「勝つ」でいい。「勝つ」になりきることだ。

『同上』一九〇頁

隙とは相手を打とうとか、相手に打たれまいと思うことが心の隙間であるということです。打とうと思うとあせりが出て来て隙間になり、打たれまいとすると畏縮《いしゅく》してこれもまた隙間になるという指摘です。この他にも、みんなが見ているからよく使おうなどと周囲の目を気にすることや、打たれずに打とうなどと余計なことを考えることもまた隙間になるでしょう。

そこで勝負において隙を排除する方法は、刀耕先生の言葉を用いれば、「二念以下をぶち切ってしまう」ということです。他の雑念を一切抱《いだ》かずに、ただ「勝つの一念」に成りきって、この一念を相続するという以外にはないというのが刀耕先生の大事な教えです。

では「勝つの一念」の境地に至るにはどうしたらよいのでしょうか。これについて、先生は次のように説いていらっしゃいます。

一番入りやすいのが真剣勝負。素面素小手の真剣勝負なら余計なことなど考えてはいられない。だからこれが剣道の生命だ。道具をつけて竹刀をもって定められた部所へ当てればいいということになるとこれから離れてしまう。そこが難しい。

だから私は剣道の理念に「剣」の一字を入れた。初め、持った竹刀は日本刀の観念で使うか、しない競技の袋竹刀の考えで使うかそれを決めようといって、それで日本刀ということにした。

「剣の理法」にした。

この説明によって竹刀剣道が内包する弱点が明らかになったのではないでしょうか。また当時の大先達たちが「剣」の一字を理念に入れて、持った竹刀は日本刀の観念で用いることを定め、現代剣道を意義あるものにして後世に継承しようとした熱い願いもよく理解することができるのではないでしょうか。

『同上』一九一頁

本当に真剣勝負になれば一念になる。間違えば命がないんだから。そうすると生活の土台になる。これほどの土台はない。命がけだから。剣道にはこんなにいいものがあるんだから、当てっこじゃもったいない。

『同上』一九一頁

第三十四講 剣と道の意味

個人形成と社会形成、どちらが大切かというと、社会形成の為に、まず自分の形成ですね。

『小川忠太郎範士剣道講話(一)』七八頁

剣道は一般的にどのように見られているのかということを示す一つの例として、手元の国語辞典[註六八]を開いてみると、「剣道」とは「剣術。特に運動競技としての剣術。面・籠手（こて）・胴など防具を身につけ、竹刀を用いて対戦する。」と記されています。剣道は、今から三十五年も前に全日本剣道連盟が「剣の理法の修錬による人間形成の道である」と定義していますから、剣道界から世間という外界を見ると、剣道についての理解になんと大きなギャップがあるものかなと思います。

今日では剣道といい、剣術とはいわない事情については本講以外のところでも触れるつもりですが、まずその理由について刀耕先生が説かれるところから理解を進めてみたいと思います。

武術というのは、命のやりとり、息の根の止め合いです。ここに厳粛な意味はあるが武術です。人間の本能ではあるが、どちらかというと人間の生物的な本能です。

…〈中略〉…

しかし、人間には生物的本能もありますけれども、そればかりではありません。人間には人間性があります。これは動かすことのできない事実です。この人間性に立脚したならばもう武術ではありません。人間の道、武道、剣ならば剣道になります。ですから、全剣連で言う剣道は人間性に立脚しております。人間性に立脚しておりますから、心構えの方では、誠を尽して常に自己の修養に努める。誠というのは人間性のことです。それだから剣道と言えるのです。術と道はそれだけの開きがあります。剣術は生物としての本能、生きるということ。剣道の方は人間性の本能、これは誠ということです。ここが違います。

『同上』一三―一四頁

右に引用した刀耕先生の講話をよく読んでみると、人間形成とは人間性を陶冶《とうや》することであるということが明らかになってきます。これによって、剣道には竹刀操作技術の修錬のみならず人間形成に向けた修行内容も含まれていると聞いても、それがどういう意味であるのか腑《ふ》に落ちなかった人でもこれならば容易に理解することができるのではないでしょうか。個人としての人間性が豊かになるということは、剣道においてのみならず日常生活においても、これは大変重要なことです。なぜならば、他者と一緒に生活をする場合でも、職場でチームを組織する場合でも、人間性豊かな人をパートナーにできるということがどんな素晴らしいことであるのかは説明するまでもないことであるからです。では剣道の理念にある人間形成という概念《コンセプト》の理解促進に向けてどのような施策がなされているのかというと、最近では指導者を対象とした「剣道指導の心構え」[註六九]というものがあります。しかし修行者自身についてはどうかというと、念願の昇段を果たしても証書が一枚授与されるだけです。

今は段を貰っても証書一枚で他には何もありませんね。昔は一刀流では初段くらいになると、その人に注意事項として切り紙というのを与えました。三、四段ぐらいになると十二ヵ条という巻物をくれました。六、七段ぐらいになると仮字目録というのがあり、八段以上になると本目録つまり免許皆伝という伝書がつく。それだから心法が明らかになるのです。が、今は証書一枚で伝書はありません。

『同上』一五頁

ここで刀耕先生は「心法」という言葉を用いて、それを明らかにしていく過程が人間形成の道であると説かれています。昔は昇段の折に与えられた「切り紙」や「十二ヵ条」、あるいは「仮字目録」などの巻物や伝書によって修行者は心法の工夫をすることができたということです。現代の剣道は剣の術のみならず道にも重きを置きますから、昇段に際しては何か人間形成の工夫に役立つ良い指針となるものが与えられても良いように思われます。

制度の改善もさることながら、この問題の解決に向けては個人レベルでもアプローチが可能ではないでしょうか。つまり本連講ですでに言及している三摩の位に則《のっと》ることです。良い師匠に就《つ》いて習い、習ったことを工夫し、さらに稽古においてこれを錬磨するという習・工・錬の循環《サイクル》をくり返していく稽古姿勢が大変重要になります。

人間形成とは何かということを刀耕先生が説かれるところにしたがってもう少し理解を深めてみることにすると、これには「(人間)個人形成」と「(人間)社会形成」という二つの側面があります。とくに個人形成の目標は「誠を尽して常に自己の修養に努める」[註七〇]ということに当たり、ここで用いられている「誠」には実に深遠かつ崇高な意味が込められていることがわかってきました。

「誠を尽す」とは『中庸』に、「誠は天の道なり、これを誠にするは人の道なり」とあるように、「誠」というのは大自然の道である。その大自然の道を明らかにして、そうしてそれを日常生活に実行していくのが人の道。だから先ず「誠」を明らかにしなければいけない。

『同上』九七頁

国際的な観点からみると、誠《マコト》という言葉はsincerity《シンセリティ》[註七一]と英訳されており、海外の剣道修行者にもよく知られています。しかし、この英単語の意味は現代日本語とよく似ていて「人の気持ち、言動、信条における誠実さ、正直、裏表のなさ」[註七二]ということを表わしているにすぎず、右に引用した『中庸《ちゅうよう》』の言葉を連想させる含意はまったくありません。かつて剣道に大変熱心なイギリス人の剣友から「マコトのことをシンセリティというが、武道のマコトとはそんな浅いものであるのか」と質問されたことがあります。外国にもこれほど深く剣の道について考えている人がいるのだと驚くと同時に感心したものですが、「誠は天の道なり云々」のことから順に説明を試みたところ、「それで疑問に感じていた点の霧が晴れた」と、どうにか納得してもらうことができました。

さて、刀耕先生は、個人形成と社会形成の関係について、次のように説いていらっしゃいます。

これによって剣道における人間形成の理解をもう少し深めてみようではありませんか。

こう構える。相手が攻める。アッ！と一念が動じたら、打たれなくも、参ったと思わなければいけない。山岡先生が目標とした浅利又七郎先生は、相手からちょっと入られると「参った」と言った。それは心が止まったから。そういうところなんです。ここが個人形成。

次はもう一つ、社会形成。自分が楽しければ家中楽しくしたい。更に社会と、これが人情の自然です。ですから二つ、個人形成と社会形成、どちらが大切かというと、社会形成の為に、まず自分の形成ですね。個人形成は生死を超越したところ「覚」。覚ったということ。社会形成は、同じ覚っているが内容が違う。自分だけじゃない。これは一切ですね。覚って情がある。「覚有情」。剣道の終極の目標はここです。これは世界平和まで行きます。そういう高大な理想をもって、日本の剣道をやっていこうということで、全剣連で、此度、こういう理念をつくったのであります。

『同上』七八―七九頁

註六八、『明鏡国語辞典』大修館書店刊（初版第六刷、二〇〇八）

註六九、「剣道指導の心構え」（平成十九年全日本剣道連盟制定）は次の三項目から成る。

（竹刀の本意）「剣道の正しい伝承と発展のために、剣の理法に基づく竹刀の扱い方の指導に努める」

（礼法）「相手の人格を尊重し、心豊かな人間の育成のために礼法を重んずる指導に努める」

（生涯剣道）「ともに剣道を学び、安全・健康に留意しつつ、生涯にわたる人間形成の道を見出す指導に努める」

――『剣道指導要領』全日本剣道連盟刊、平成二十年、五頁より。

註七〇、全日本剣道連盟制定「剣道修錬の心構え」の一部である。

註七一、英文版『剣道試合・審判規則』（国際剣道連盟刊、一九九三）によると「剣道修錬の心構え」の「…誠を尽して…」の部分は "To associate with others with sincerity" と示されている。

註七二、*Longman Dictionary of Contemporary English* Longman（2009）を参考にした。

第三十五講　左足の重要性

道を離れて剣道はない。剣道は「剣」の「道」。道を離れた剣、即ちスポーツ、剣術の域では浅いものになる。それを我々の先祖が真剣勝負を経て、今から三百年も前に、剣術を「道」というところまで昇華させて深いものにした。

『小川忠太郎範士剣道講話㈠』二二四頁

前講で触れたばかりのところですが、刀耕先生は二十一世紀でも十分に通用する剣道の精神的な枠組みについて、「剣」と「道」の二つの観点から説いていらっしゃいます。

日本の剣道は、先ず「剣」の一字。これを除いては剣道はない。だから四つ割りの竹刀を刀、日本刀という観念で使う。そういう観念で使えば、これは命のやりとり、息の根の止め合いであり、「生死の問題」。修行目標としては、生死を明らめることになる。この心が人生の土台であり、刀を差さない現代でも役に立つ。（傍線著者）

『同上』二二四頁

普段は何気なく使っている竹刀について、今日からは、稽古で抜いて構える竹刀は真剣であると意識をあらためて使用してみてはいかがでしょうか。たとえ下位の相手が持った竹刀であっても、自分の身体に少しでも触れられたならば、それだけでもう傷を負うことになる真剣の刀であると。こういう気分で稽古に臨むと、今までとは異なった境地が生まれてくるものです。心身が緊張し、一挙一動も軽々しくはすることができなくなってきます。これに伴って恐懼疑惑の病も出てきます。そこで、この心病を克服するために邪ならぬ心をもって相手と対峙しようとしたり、捨て身で相手にかかろうと心掛けてみたり、あるいは初太刀に向けて一心となるように努めたりするなど、徐々に内容のある質の高い修錬を積むことができるようになってきます。またこれが日常生活における充実した真摯《しんし》な自己を養うもとにもなり、「剣」を離れない剣道にはこうした特性があるということができます。

次に「道」を離れない剣道とは、人間形成の道を歩む剣道に他なりません。刀耕先生は、そのためにはまず構えが第一義であり、とりわけ左足には重要な意味があるとして、その理由を次のように解き明かしてくださいます。

左足はどこが大事かというと、腓骨《ひこつ》[註七三]である。高野佐三郎先生は膕《ひかがみ》[註七四]を伸ばせと言うが、膕を伸ばすにはどうしたらいいかというと、腓骨を伸ばせば膕が伸びる。この腓骨のことを言う人はほとんどいないが、これは非常に大事である。

…〈中略〉…

昭和31年５月20日、皇居内「済寧館」で開催された皇宮警察創立七十周年記念武道大会（天覧試合）決勝戦にて阿部三郎と対戦する滝沢光三（左）。審判は小川金之助（写真提供＝滝沢建治氏）

左足をぐっと真直ぐにして腓骨を伸ばす。そうすると腰が入る。立って、左足が開くと膕がゆるむ。そうすると腰がゆるむ。だから左足を開いて稽古している人は、バタバタして、無駄打ちが多くなる。

左足がぐっと入っていると、前に出るときスッと出られる。左足で右足を押し出すようにすればいい。腓骨を伸ばすようにすれば膕は自然に伸びる。そして腰が入る。腰が入ると肩の力が抜ける。これが自然体。腰から下がしっかりして、腰から上がやわらかくなる。

この構えが本体になる。そして、これに左手で竹刀を持ち、右手を添えれば剣道の中段の構え。

『同上』二二四―二二五頁

構えの秘訣は上虚《じょうきょ》下実《かじつ》にありといわれますが、刀耕先生のこの講話をよく吟味してみれば、その内容は自ずと明らかになってくるのではないでしょうか。

さて、左足の習いが剣道の修行においてどれほど重要であるのかということは、剣道史上、実際あった次のエピソードからしみじみと学び取ることができます。

それから滝沢光三[註七五]さん。あの人は左足の膕《ひかがみ》が曲がるくせがあったが、そのかわり勘がいいから試合などは上手だった。

これは滝沢さんが自分で言ったことだが、戦前、東京高師に稽古に行ったとき、高野先生[註七六]に、「お前はこの足が直らなきゃだめだ」と、左足の膕を後ろから木刀でひっぱたかれた。…〈中略〉…

戦後の天覧試合（皇宮警察創立七十周年記念大会）[註七五]で優勝している。決勝戦は阿部さんが相手だったと思うが、この試合のあとで宴会のとき、得意になって、少しほめてもらおうと思って佐藤忠三先生に「私の試合はどうだったでしょう」と聞いた。そうしたら佐藤先生が「君の剣道は雲助剣術だ」と。滝沢さんはほめてもらおうと思ったんだが、そう言われてしまった。

佐藤先生の言った意味はどういうことかというと、当てっこ剣道だということです。当てさえすればいい試合だと、そう見られた。そしてそれはどこから来るかというと、膕が曲がっているから。それで小手先だけになってしまう。

しかし滝沢さんは、高野先生に足を注意されて本当に有難いと思った。そして何とか雲助剣術から脱却しようと考えた末、これは形をやるよりほかないと、高野弘正さんのところへ行って一刀流の形を習った。形をやって、ようやく自分は雲助剣術から脱却したような気がすると私に話

してくれた。（傍線著者）

『同上』二三一－二三二頁

右の講話のポイントは、左足が正しい構えの元であり、これが品位や気位を養成するのに大きく物を言うぞ、ということです。剣道を正しく学ぼうとする限り、決して忘れてはならない貴重な教訓です。私たちの剣道も知らぬ間に当てっこ剣道の傾向に冒されているかもしれません。この癖を戒めるためだけではなく、本当の剣道の方向に向かって少しでも近づいていくためにも、左足の様子を時には点検してみたいものです。その際、次の言葉も大変参考になるはずです。

道を歩く時、誰でも左足の先を真直ぐ前に出す。外側に開きながら出す人はいない。だから剣道の足は自然でいい。「道を歩むが如し」で誰でも出来るのである。

『同上』二二六頁

註七三、腓骨とは、『ハイブリッド新辞林』（三省堂刊、一九九八）によると、「下腿の後ろ外側にあり脛骨《けいこつ》とならぶ管状の長骨。脛骨に比べ著しく細く、下端の外側は外踝《そとくるぶし》となる。」とあり、脛骨とは「二本の下腿骨のうち内側の太い骨。」とある。

註七四、膕とは「膝の後ろのくぼんでいるところ」を指す。

註七五、滝沢光三《こうぞう》範士九段（一九一〇～一九八七）、東京大学剣道師範、思斉館滝沢道場初代館長。昭和三十一年五月開催の天覧試合当時はまだ教士七段であった。

註七六、滝沢範士が戦前修道学院などで指導を受けた高野佐三郎範士のこと。

第三十六講 手の内

右手の力……この力が本当に抜けた時は、自分を忘れた所へ行く。ここまで行くのはたいへんです。ただ、これが目標です。剣道の敵はどこにあるかというと、自分だ。自分がつまらない力を入れているんだから。

『小川忠太郎先生剣道話 第一巻』一二一頁

剣家生涯只一本という言葉があるそうですが、私たちが稽古で目標とするところは理想の打突です。この一本の実現に向けて考慮しなければならない重要な条件はいくつかありますが、その一つが手の内[註七七]です。まず用語の理解については大先達の名著から引用して参考にさせていただくことにします。

「刀の握り方は手の裏とも言って、古来剣道には重要な心得とされている。刀の握り方が悪ければ、どんな大力をもって切りつけても切れない。刀を柔らかに持って振りかぶり、切り下ろす瞬間に旺盛なる気合と共に両手の小指と薬指をもって絞り切りつけるによって物を切ることが出来る。…〈中略〉…

竹刀を持った時には食膳の箸を持った心地で特別意識しない。而して打つ時には適当な力をこめ気合もろとも手の握りをしめて打つ。これをもって有効の打突となる。この打突、又相手の竹刀を受けとめる用の済んだ時には直ちに元の軟らかな握りにならねばならない。用が済んでから尚締めて居れば、残心はならなく、又こちらから再び打ち込むことはならない。」註七八

初・中級者の指導において手の内について説明をする際、とくに左手の握り方や締め方が強調されることがよくあります。これは、剣道では左足・左手の働きが重要であるという経験的な指摘と密接な関係があるからです。その一つの例として、前講では左足の膕《ひかがみ》のことに着目してみました。本講では、同様の意味で、右手の働きに注目してみたいと思います。正しい教えをわきまえないで、ただでたらめにやっていると右手のほうばかりで掛かってしまい、身体を半分しか使うことができない不十分な稽古になってしまうからです。

木剣を持つ時は、左手。右手に力が入っちゃいけない。右手は添え手と言ってね、熟してくると卵を握ったように。全然力が入っていない。そういうのは、言い表しようがない。添え手というと、添えるような気になるが、添えてはいけないんだな。卵を握ったように「ズーッ」と。それで、その構えがまとまる所が呼吸だ。これをしっかりとね。木剣は刀だという観念でね。刃筋を立てて。そこを修行する。

『同上』一頁

右の講話において刀耕先生は形を打つ場合の右手の要領を説かれていますが、剣であるという観念で木刀のみならず竹刀を用いることにすれば、竹刀稽古における右手についても同じ指摘があてはまるはずです。その意味は次の講話によってもっと明らかになります。

地稽古の場合に、みんな右手が堅くなる。右手は卵を握ったように。相手に対して負けまいという気があると右手が堅くなる。負けまいと思うと相手と対立になっちゃう。そうなってからやる稽古は、稽古じゃない。相手と対立しているのは無駄な稽古だ。これを直すにはどうすればいいかと言うと、負けまいという気持を下に降ろしてしまえばいい。胸から腹、足腰の方へ降ろしちゃえばいい。これが修行の根本なんだ。負けまいという気持ちが胸から上へ来ちゃって、それが肩へ来る。それを降ろすのが修行なんだ。これをしっかりやらなくちゃいけない。

『同上』一九頁

右手が堅い人は、得てして右肘にも、右肩にも力が入り過ぎているものです。こういう癖が身に付くと矯正するのはなかなか容易なことではありません。しかし刀耕先生の講話には、まるで名医によるがごときの素晴らしい治療の処方箋が示されています。

堅い右手は握った力を緩めさえすればよい、というのは誰にでもすぐわかることです。しかしこれを治すとなると、その原因をしっかり突き止めて、病根をよく治療しなければなりません。しかしもはや解説は不必要であると思いますが念のために付言すると、単に手の内の力を緩めるという

肉体的な解決策は二義的なことであり、問題の核心は心の整理をいかにするかというところにあります。

竹刀を構えて相手と対峙したときには、誰にでも「よーし、負けないぞ！」という気持ちが生じるものです。しかしその気持ちが次第に高じると、胸から上のほうへと上がってきます。そうなると知らず知らず右手の握りに力が入り、それとともに手首や肘も堅くなり、さらに肩にも余分な力が入ってしまうという望ましくない状態が生じてしまいます。それは明らかに心の出来事に起因しているのです。

そこで刀耕先生は、この「何をっ、負けないぞ！」という気持ちを胸から腹へ、そして腹から足腰のほうに下げてしまうのが修行であると忠告してくださいます。こうして自分の本体を五年、十年……と養っていくと、右手の無駄な力がだんだん抜けて柔《やわ》らかくなってくるということです。手の内は左手が元で、右手を添えるというただそれだけのことです。しかし理想の手の内を自得するのには一生かかるかもしれないほどの重要な課題であることを忘れないようにして、日々新たなりと、工夫と錬磨を重ねてまいりたいものです。

註七七、「手の裏《うち》」と表記されることもある。また『剣道和英辞典』（全日本剣道連盟刊、二〇〇〇年、第二版）には「竹刀の握り方、打突したり応じたりするときの両手の力の入れ方、ゆるめ方、釣り合いなどを総合したもの」（一〇二頁）と記されている。

註七八、佐藤忠三著『剣道の学び方』体育とスポーツ出版社刊、昭和五十七年（一一〇頁）より。

第三十七講　勝つの一念

人生は勝負である。その勝負において勝つことだけを考える。「勝つの一念」これが正しい。剣道というのはこれ。「勝つ」という一念だけ。

『小川忠太郎範士剣道講話(一)』一八九頁

人間は弱いものですから、道をまっすぐに歩いていこうとしても横にそれてしまうことがしばしばあります。そこで修行に際しては一つの定規を持つのがいいと、刀耕先生が薦《すす》めてくださいます。定規があれば、道を外れたときにはそれに照らして軌道修正を施すことができるからです。目標に向かってまっすぐいくことができるからです。この場合、定規とは戒《いましめ》のことをいい、具体的には「五戒」（「第八講」～「第十講」参照）を指します。

一、嘘をついてはいけない
一、怠けてはいけない
一、やりっぱなしにしてはいけない
一、我儘《わがまま》してはいけない

一、ひとに迷惑をかけてはいけない

こういう戒を持って日常生活を過ごすことが大事ですが、とくに剣道においてはこの戒を持って臨めば稽古をおこなう本体が生きてくると刀耕先生は唱導されています。この戒の根底にあるのは誰もが生まれながらにして持っている正直で素直な心、すなわち直心《じきしん》と呼ばれる心です。ところが人は十二、三才の頃になると純真な心に雲がかかりはじめるのだそうで、そうなるとこの雲を取り払う工夫をしないと、凡夫《ぼんぷ》である私たちの持って生まれた大事な本心を養っていくことが難しくなってしまいます。そこで直心を磨く修行がしやすくなるように五つに分けてあるのが五戒であるというのです。

だが大事なのは、これをいくら知っていても、実行力がなければ駄目。剣道の負けじ魂から生れる実行力、これでやればいい。この五戒を持って、それに実行力がともなえば大した人間になると思う。

よく「平常心」と言うが、平常心だけではつかみにくい。「直心」だけでも分かりにくい。それを具体的に分けると五戒になる。剣道の強い実行力でやれば立派な人間が出来、剣道はもっと社会から認められる。小学校の子供などもこれで教育すれば、親が剣道をぜひやらせようとなるだろう。どんなにえらい人でも戒は必要だと思う。

『同上』一八八—一八九頁

五戒にはこういう大事な意味がありますから、ぜひ心に銘記しておいて、時々これに自分の稽古内容を照らして工夫をしてみることをお勧めします。

さて、道心なくして剣道はなしという視点とは反対に、剣心なくしてまた剣道はなしという角度から、刀耕先生は次のように説いていらっしゃいます。

> **大目標に向って五戒のように励むことは結構だが、当面は勝負にこだわれということ。勝負にこだわって悪いということはない。**
> **勝負ということは、人生は勝負である。その勝負において勝つことだけを考える。「勝つの一念」これが正しい。剣道というのはこれ。「勝つ」という一念だけ。**
>
> 『同上』一八九頁

禅の言葉に「動中の工夫、静中《しょうちゅう》に勝《まさ》ること百千億倍[註七九]」とあるように、剣道においては理（心）と事（技）の一致を会得する工夫は、稽古における相手との勝負、勝負という動中において「勝つの一念」になりきるという心法の修錬を積むことが何よりも重要なことである、というのが刀耕先生の指摘されるポイントです。

ところが修錬の足りない人は、みんなが見ているからよく使おうなどとまわりを気にする。また打たれずに打とうなどと余計なことを考える。そういう考えが出たら駄目。この一念以外の考え（二念）が出たらいけない。こういう余計な考えが出ると「邪《よこしま》」となる。剣道の修行というのはこの二念以下をぶち切ってしまう。

剣道では正念の他に妄念という余分な心が生じることを嫌いますから、どうしたらそのような雑念が生じないようにすることができるのかという問題の解決を大いに工夫する必要があります。これについて刀耕先生は、次のようなヒントを与えてくださいます。

『同上』一八九—一九〇頁

話を変えれば、勉強で机に向かったら、まわりがどんなに騒々しくても気にしない。勉強に集中する。勉強の一心。まわりで何があっても雑念が入らない。それなら能率が上がる。剣道もこれでいけばいい。遊ぶときも遊ぶことだけ考える。これを「三昧《さんまい》」という。この三昧の修行をすることが大事だ。これをやらないで当てっこばかりでは進歩はない。
勝つの一念、正念、これが第一義である。

『同上』一九一頁

もうおわかりであると思いますが、「勝つの一念」ということは、「一心」あるいは「三昧」と言い換えることができます。その精神内容が正しいものであれば「正念《しょうねん》」ともいいます。そして何よりも大切なことは、この一念を得て少しでも長く相続することができるように精進をしていくことです。これを実行して、もしそこに私たちの剣道と人生をさらに充実したものにしてくれる変化の種を見つけることができたなら、なんと楽しいことではないでしょうか。

勝つの一念は日常生活なら「生の一念」。生の一念だけ。これが続けばいい。生々々……と生の連続、その一念で隙を作らないこと。年をとってもうだめだなどと思うのは隙。そういう隙を作らない。そうなれば生きてることが楽しみになる。それが剣道の中にある。

『同上』一九二頁

註七九、「動中の工夫は静中の工夫に勝る」ともいう。禅語における「静」とは閑静な僧堂における坐禅を、また「動」とは作務《さむ》（労働）をはじめとする日常の活動一切のことを指す。刀耕先生は、この修行の意味を次のように説いています。

「…切り返しをしっかりやる。皆さんの年輩なら、幾らやっても無理はないからね。今のうちに、しっかりやっておく。そして、三角矩の構えを造らなければいけない。猫が鼠をにらむように『ジーッ』と。固くなったり、あるいは打とうという意識があると駄目なんだ。これは、鍛練によるしか術はない。鍛練と工夫だね。双葉山が、あれだけの仕切りが出来たのは、安岡正篤さんから『木鶏（もくけい）』の話を聞いて工夫したから。普段の工夫です。だから、あの仕切りが出来た。『グーーッ』と。剣道も、あの仕切りと同じだ。『ジーーッ』とね。工夫していくと構えが自分のものになってくる。坐禅は一人だから、そうなる。割合に。間違いなく行ける。剣道は相手がある。相手を見ちゃうから、自分がおろそかになる。自分が整わない。だから、剣道で自分が整ったら、たいしたものだ。相手のある中で、動中でね。」…『小川忠太郎先生剣道話　第二巻』六〇―六一頁。

第三十八講　触刃・交刃の間

結局、剣道の大事なところは一足一刀より四、五寸入ったギリギリの間也、生死の間也。ここで悟らねばだめ。

『百回稽古』六九頁

一本の事《わざ》註八〇は、遠間・一足一刀の間・残心の三つの段階からなりますが、本講では、刀耕先生が説かれるところにしたがって、生死を決する重要な一足一刀の間合についてもう少し詳しくみてみたいと思います。

まず用語の理解をする意味で『幼少年剣道指導要領』註八一を参照すると、間合とは「自分と相手との距離（時間的距離と空間的距離を含む）」のことであり、一足一刀の間合、遠い間合、近い間合の三種類があるとされています。とりわけ一足一刀の間合は「剣道の基本的な間合である。一歩踏み込めば相手を打突できる距離であり、一歩さがれば相手の攻撃をかわすことのできる距離である。中段に構えた相互の剣先が約一〇㎝ほど交差した程度が一般的な距離」であると記されています。これは初心者・初級者の指導をする際には重要な記述です。剣道の稽古とは、遠間からはじめて一足一刀の間合まで接近して攻め合い、機を見て技を発することを基本とし、それより近間に入って攻撃し合うのは正しい稽古ではないとされているからです。

剣の理法を極めようとする中・上級者にとっては、この程度の説明では決して満足のできるものではなく、むしろ一足一刀の間とは生死の岐路となる重要な場であるとみなして考究を深められたという刀耕先生の洞察にこそ大いに学ばせていただくのがよいのではないでしょうか。

打突というものは、むやみやたらに跳び込んで出来るものではない。一足一刀の間を二つに分けると触刃《しょくじん》と交刃《こうじん》となる。互いの切先が僅かに触れるところが触刃である。ここで先になることが大切である。一刀流には「切先のカチッと触れるところに勝ちがある」との教えがある。触刃のところで相手の起りを制して先をとる。

「降ると見ば　積らぬさきに払えかし　雪には折れじ　青柳の枝」というのがそれである。

持田先生は、これをよくやられた。相手が出ようとすれば、ジリジリと、この切先のジリジリの攻めで機先を制してしまった。「私はこのジリジリの攻めで勝つ」と言っておられた。

打ち間に入るまでに、そういう細かいところがある。私はこれを「小さい間」と言ったらよいと思っている。

『小川忠太郎範士剣道講話(二)不動智神妙録』二一六頁

一足一刀の間を二つに分けて、一つは竹刀の切っ先がわずかに触れあっている触刃の間とし、もう一つは竹刀がさらに交わっていよいよ打突を発する打ち間に至る交刃の間であると説かれています。さらに大事な点は、この二つの形式的な部分に古流の伝書からの意味づけが与えられていることです。触刃の間については一刀流の「切先のカチッと触れるところに勝ちがある」という教えが、そして打ち間に至る交刃の間については青柳の極意歌があてはめられており、まさに不敗の一刀につながる貴重な教えであるということができます。これは持田盛二範士との百回稽古を通じて刀耕先生が工夫に工夫を重ね、並々ならぬ研鑽《けんさん》をされた末に得られた貴重な智慧《ちえ》でもあります。

実際、百回稽古日誌の第十七回目には、刀耕先生が一足一刀の間において持田範士を攻めるのですが、逆に持田範士にジリジリと少しずつ間を詰められて、とうとう初太刀も二本目も同じようにして諸手突きを突かれてしまったことが記されています。


持田先生に対しての敗因は、一足一刀の間…〈中略〉…からぐっと四、五寸入られ、ギリギリの間になった時、余は打とう突こう、又は打たれまいとする一念が思わず湧く、我が出る。そこで先生が先手となるのだ。先生はこの間で明を失わないのだ。ここは実力の相違也。

而して、ここを解決するのは技よりも精神也。精神が昏散《こんさん》となるから負となる。即ち自分で負けるのだ。

換言すれば、ギリギリの間合で、ここはギリギリの間合であるという事に捉われるのだ。

ここを解決するには、ギリギリの間合で思わず出る小我を殺す事也。註八二

『百回稽古』六七―六八頁

こうしたギリギリの間における反省によって刀耕先生が直感された境地が冒頭にも引用した次の言葉です。

結局、剣道の大事なところは一足一刀より四、五寸入ったギリギリの間也、生死の間也。ここ

打太刀・持田盛二範士（右）、仕太刀・中野八十二範士による日本剣道形三本目

で悟らねばだめ。

事《わざ》を貫き通すものは、至誠を土台とする一刀の精神であるのはもちろんです。しかし、遠間、触刃・交刃の一足一刀の間、そして残心のことをよく心に銘記されて、常に自分はどの段階に弱点があるのかということを反省し、よくよく工夫をして稽古に臨むように心掛けることが大切です。

さて、上では洞察、智慧あるいは直感といいましたが、これは悟りと言い換えてみてもよいでしょう。その意味で、『百回稽古』はまさに悟りの宝庫であるといえるのです。ちなみに、悟りということについて、刀耕先生は、次のような興味深いことを日誌に記されています。

剣道の事理は悟ったと思う事が禁物。

悟ったと思えばそこに執《とら》われ、もう上達なく、否《いな》堕落する。人間でなく天狗となる。悟る迄《まで》の修行が並大抵ではないが、それを捨て、更に修行する事は更に困難也。修行は死ぬまでという原理を忘るる勿《なか》れ…〈中略〉…。至誠無息《しせいやまず》。焦《あせ》らず。怠らず。

『同上』七〇―七一頁

註八〇、第三十一講「一本の事《わざ》」（一四三頁）を参照。

註八一、『幼少年剣道指導要領（改訂版）』全日本剣道連盟刊、平成三年。同書（五六頁）に、「遠い間合」（遠間《とおま》）とは「一足一刀の間合よりも遠い間合である。相手が打ち込んでもとどかないかわりに自分の攻撃もとどかない距離である」と、また「近い間合」（近間《ちかま》）とは「一足一刀の間合よりも近い間合である。自分の打ちが容易にとどくかわりに相手の攻撃もとどく距離である」とある。なお、同書は、その発展版である『剣道指導要領』（全日本剣道連盟刊、初版、二〇〇八年、五三頁）よりも情報量が多いのでここでの主な参照の対象とした。

註八二、第十七回目、昭和三十年四月二十二日。このとき刀耕先生、すなわち小川忠太郎範士は五十四歳。

第三十九講 発憤

自分は「平常心」ではないということがわかれば、大きな収穫です。二度と生まれない人生で、平常心で生きられないのは悔しいと思えば発憤します。

『小川忠太郎範士剣道講話㈠』二四―二五頁

剣の理法の修錬による人間形成ということは指導理念であるといわれますが、これはまた修錬を心掛けようとする者にとっては修行の理念でもあります。そう捉えなおしてみると、剣道の修行とは刀法や体法のみならず、心法についても積極的に精進を怠らないようにすることが大切であるということに気がつきます。刀耕先生は、心の工夫をする際に、その良き拠《よ》りどころとなる参考書として中国古典の代表である『孟子』、『大学』、『中庸』そして『論語』という四書を挙げています。

本講では「発憤」をキーワードにしますが、これは『論語』に出てくる言葉です。

楚の葉県の長官である葉公が孔子の弟子の子路に、孔子はどういう人かと尋ねた。しかし、子路は何とも答えることができなかった。すると孔子がこの話を聞いて「お前はどうして何も答えなかったのか。『発憤して食を忘れ、楽《たのしみ》以て憂《うれ》いを忘れ、老の将《まさ》に至らんとするを知らず』註八三と言ってやればよかったのに」と。

国語辞典[註八四]にも「発憤」とは〈あることに刺激を受けて気力をふるいたたせること。やる気を起こすこと。〉であると定義されています。刀耕先生は、剣道における発憤の好例として持田範士という大先達のことに言及されています。

『同上(三)剣と道』九〇頁

持田盛二先生[註八五]は昭和四年の天覧試合で優勝しました。然し試合内容を反省してみると審判の判定では勝ったが恥かしい試合、平常心を失った試合が一つ[註八六]あった。それが気になりまして、どうしてあんな試合をしたのだろう。突くとか何とかできなかったのだろうかと。そこで発憤し…〈中略〉…、修行のため東京へ出ました。と、後日小野十生先生[註八七]に話されています。それから本気で修行をしてそれであれだけの人になったのです。栄ある優勝をしながら謙虚に反省し己れの非を知り発憤し勇猛精進なさる事四十年とは将に修行者の範でありましょう。天覧試合を反省してみると、平常心というものは容易なものではない。普段は平常心でいられるが、平常心の抜けるところができます。そういうところを一生涯修行して行ったのです。

『同上(一)』一二五頁

優勝したにもかかわらず、持田範士は表彰式の後、報道関係者等との接触を一切避けるようにして人前から姿を消しております。そして内に秘めた発憤により、さらに修行に邁進《まいしん》されたということです。

世に発心したの決心したのという者は多いが、その志をやり遂げる者は稀《まれ》である。剣道でも試合に負けたりすると、大変だと思って一生懸命やろうと決心する。しかしそれが続かない。また試合に勝つとのぼせ上がって忘れてしまう。決心はなかなか続かない。発心、決心したら、それを続ける、即ち相続心が大事なのである。

『同上㈢剣と道』九〇頁

私たちは試合で失敗したりすると、確かに「大変だ」と思い、本気になって反省し、あることをしようとすることがよくあります。原因があって発憤し、あることをしようと発心や決心をしたり、これを継続する場合、この「あること」とは、誰しもが持っている内なる直心に映し出されたもの、すなわち正しい念である、といえるのではないでしょうか。結局、相続すべきはこの正念でなければならないと理解をすることができれば、刀耕先生の講話の続きをよく味わうことができるのではないでしょうか。

それで続けていきさえすれば自然に楽しみが出てくる。楽しみが出てくれば毎日毎日が楽しくなる。そして順境でも逆境でも楽しめるようになる。「楽以て憂いを忘る」である。そうなれば心身に張りが出てくる。心身が張っていれば「老の将に至らんとするを知らず」で、年をとるなどということは問題ではなくなる。

現代は老人の孤独の時代だというが、剣道の修行は毎日毎日がこうした正念の工夫だから、本当の剣道の修行には定年はない。一生涯、正念相続。これが要点であり、ここをつかんでおくことが大事である。

『同上』九〇頁

本講では発憤ということを心法の工夫をする上での重要な一例としてみました。発憤によって生まれた発心・決心を持続することは決して容易なことではありません。しかし、もしこれを長く相続することができれば、自然に楽しみが生まれはじめ、また心身にも張りが出てきて、ますます充実した日常生活を送ることができるようになる、ということが要点です。

刀耕先生から習ったならば〈聞〉、これをよく慮《おもんぱか》り〈思〉、そして体得することができるように、未在、未在と稽古を重ねること〈修〉が大事なのです。

註八三、現代語訳は次のとおりである。「学問への興奮を起こしては食事も忘れ、ただその事を楽しみとして心配ごとも忘れ、やがて老年の衰えがやってくることにも気づかずにいるのだ」。『孔子』金谷治著、講談社学術文庫、一九九二年刊（一七一―一七二頁）。

註八四、『明鏡国語辞典』（大修館書店刊）による。

註八五、このとき持田範士は四十五歳。

註八六、「**持田先生は昭和四年の天覧試合のときに発憤している。優勝はしたが、古賀恒吉先生との試合で納得のいかない試合をしてしまった。そのことを悔んで、もう一度東京で本格的に修行をしなおそうと発憤した。**」『小川忠太郎範士剣道講話㈢剣と道』九〇―九一頁。

註八七、小野十生範士九段。警視庁剣道名誉師範。明治二十九年（一八九六）五月二十日～一九七四（昭和四十九年

（一九七四）三月十五日。

第四十講　平常心

打つか打たれるかの交刃の間、いわゆる生死の間で、固くならずに平常心を失わないでいられたら、それは剣道の極意です。

『剣と禅　小川忠太郎述』八五頁

平常心という言葉があります。日常生活で使用される意味を国語辞典[註八八]に求めると、〈いつもと変わらない普段通りの気持〉と記されています。が、これでは少し一般的過ぎて、このような心の在り方がどのように評価されているのかがみえてきません。そこで具体的な文化活動や宗教など分野に目を向けてみると、平常心という心の状態には高い評価が与えられていることがわかってきます。たとえば、茶道の場合には、

茶の湯とはただ湯をわかし茶をたてて
　のむばかりなる事と知るべし

という道歌[註八九]が伝えられていますし、禅においては、

平常心是道《びょうじょうしんこれどう》

という言葉[註九〇]が有名です。では、剣道についてはどうかというと、宮本武蔵は次のように述べています。

兵法の道におゐて、心の持ちやうは、常の心に替《かわ》る事なかれ。

『五輪書』「水之巻」

武道の域にまで昇華された剣術においても、修行のめざすところの一つは平常心であるということが伝統的に受け継がれています。

現代剣道では竹刀を用いて稽古をしますが、剣道の理念に基づき、竹製の刀を真剣の観念で用いることが大切です。これによって、冒頭に引用した刀耕先生の「打つか打たれるかの交刃の間」の実相がより一層明らかになってくるでしょう。つまり触刃・交刃という小さな間において真剣の刃《やいば》が交わったところとは、自分の真剣が相手を切る（打つ）のか、それとも相手の真剣により自分のほうが切られる（打たれる）のか、もう二度とやり直しのきかない生死に直結する一足一刀の間のことです。そのような緊迫した場においても平常心が少しも欠けるところなく、また縮まないで十全であるように修錬を積むことは大変重要なことです。しかし、同時に、それが人間形成の修行にもつながっているのです。この点について刀耕先生は、剣道と日常生活の観点から、次のように説いていらっしゃいます。

普段稽古をする場合には、ここを目標にするといいですね。「平常心《へいじょうしん》」であれば、死んでも「平常心」です。「平常心」でずっと行けばいいわけです。正岡子規は三十六歳で病気で死んでおります。「自分は初め、悟りとは平気で死ぬことだと思った。しかしそうではない。平気で生きることだ」。偉いですねえ。「病気をしても楽しまなければ生き甲斐がない」。丈夫でも苦しんでいる人がいるのです。病気をしながらも「平常心」を失わない。日常生活でも、剣道の上でも、これは力を入れなければいけませんね。

『小川忠太郎範士剣道講話(一)』「剣道の理念について」一二四頁

明治期の俳人・歌人であった正岡子規が、不治の病という逆境にありながらも、「平気で生きることだ」と生死の問題を解決し、平常心の境涯をもって生きられる限りの人生を生きたという話には、どなたも感銘を禁じ得ないのではないでしょうか。剣道の場合にも、平常心の修養を志して発憤したという持田盛二範士の得難い修行談[註九一]がありますが、これは前講で触れたところです。

さて、剣道修行者にとって平常心がどのくらい身についているのかということは大変興味深いことですが、次の刀耕先生の言葉はそれを知るためのよいヒントになります。

普段自分の道場で稽古しているときでも、他所の道場で稽古しているときでも、それが変わるようでは「平常心」ではない。普段の稽古と試合が変わるようでは「平常心」ではないでしょう。

普段の稽古が段を受けるときに変わるようでは平常心ではありませんね。

『同上』二一四頁

持田範士の修行談からも明らかであるように、平常心を全うすることは決して容易なことではありません。また剣道の修行とは一段、一段と自分の足で梯子《はしご》段を二階へ向かって上っていくようなものであり、決して一足飛びに二階へ上がるような進歩などというものはあり得ません。したがって重要なことは、現在の稽古を振り返り、自分の平常心がどの程度のものであるのかということについて自己点検をしてみることです。たとえば、いつでも、どこでも、どなたとでも、平常の心と変わらない心持ちで稽古ができているでしょうか。そういうことを点検してみるのです。これによって自分は「平常心」が不十分であるということに気がつくことができれば、これは大きな収穫とすべきです。

たとえどんなに高い境地であろうとも、全き平常心の体得を稽古目標に設定してみることには大変大きな意義があります。剣道は目標を持たずに漫然とやっていると、いつの間にか何をやっているのか理由《わけ》がわからないという迷いが生じてくるものです。しかし、こういう正しい目標を持ってやっていると稽古の狙いが定まりますから、正しい剣道の修行に入ることができるようになるものです。

平常心を目標とする修行には、さらに深い意味がありますが、それについてはあらためて話題にしたいと思います。何はともあれ、まずは平常心の実現に向けて精進することを発心し、兀々《こつこつ》と工夫と稽古を重ねていくことにしようではありませんか。

註八八、『精選国語辞典（新訂版）』明治書院刊、一九九八年。

註八九、千利休の作と『茶席の禅語(上)』（西部文浄著、橘出版刊、平成六年、一二四頁）にある。

註九〇、趙州《じょうしゅう》和尚が南泉《なんせん》和尚に「如何《いか》なるか是《こ》れ道《どう》。」〈道とはどのようなものでありましょうか〉と尋ねたところ「泉曰く、平常心是道」と答えたという禅の古典『無門関』第十九則が出典。立田英山著『新編無門関提唱』（人間禅教団出版部刊、昭和六十一年）あるいは小池心叟著『無門関提唱』（柏樹社刊、平成八年）などを参照。

註九一、持田範士の述懐に「私が一番苦しかった時代は、天覧試合に優勝したあとで、これからが本格的な修行だと自分の胸に常にいい聞かせる毎日がもう四十年になろうとしています。」というものがある……『昭和の剣聖持田盛二』船坂弘著（講談社刊、昭和五十年、三三八頁）による。また、第三十九講「発憤」（一八三頁）を参照。

第四十一講　理事一致、事理一致

心と技とは別ではない。理即事、事即理、不二一如である。この関係を明らかにして錬磨功積む時は事理一致の妙処に到達できる。…〈中略〉…ここは遊戯《ゆげ》三昧《ざんまい》、平常心是道の境涯である。

『小川忠太郎範士剣道講話(二)不動智神妙録』三四頁

剣道では事理一致の稽古が大事であるとよく言われます。この理想に近づくためにはどうしたらよいのかという疑問がすぐに湧いてきますが、まず、刀耕先生の講話によって、このキーワードの理解をしておきたいと思います。

「事理一致」のところへ行くまでが大変だ。その修行が。事と理合。つまり、具体的に言うと、形と稽古が一致しなければいけない。形は形、稽古は稽古と別ではなく。形が理だから。地稽古は事だから。形と技、それを事理一致と言う。だから、稽古をやったらもう、形という気持ちになって。だからお手本になるんだよ。形と同じなんだから。そこへ持っていかなくちゃいけない。だから、形を最初しっかり修練していないと、乱れちゃう。…〈中略〉…形を土台にして。形が「理」、地稽古が「事」。これで「事理一致」だ。

事（技）と理（心）が一致した剣道をめざすということは、結局、普段の稽古が形を打つときのように理合に適《かな》うよう努めなければならないということです。

形が理であり理は形にある註九二という観点から剣道形を構成している要素の一つ一つを吟味してみると、剣道の根幹をなす重要な基本原理がいくつも含まれていることに気がつきます。たとえば、姿勢、蹲踞、足捌《さば》き、構え、手の内、目付け、呼吸法、心気の充実、間合などからどの一つを取り上げても、竹刀剣道の基本に通じるものばかりです。したがって剣道形の稽古に精進すれば、理合の応用である事《わざ》の方面においても必ず有益な波及効果が生じてくるといえるでしょう。

竹刀は直線だが刀には反りがあるとか、長さや形態も異なるとか、確かに竹刀剣道と刃引・木刀を用いる形稽古にはいくつかの相違点が認められます。しかしながら、そういう特徴のある竹刀であるとはいうものの、剣道の理念に則ってこれを刀の観念で用いることにより、両者の間に一見存在するように思えるギャップが限りなく小さくなってきます。

大事な点は、正しい剣道の修行をするためには理の稽古（形の稽古）と事の稽古（地稽古）の二つを並行しておこなうようにするのがよい、ということです。剣道は、申すまでもなく、人間形成を主眼としておりますから、『日本剣道形解説書』（全日本剣道連盟刊）に表わされている所作を何度も何度も反復して修習し、一人稽古であれば自分を見失って乱れることがないというところまで精進しなければなりません。しかし、仮に修行を積んでそうなったとしても、今度は相手がある竹刀稽古の場合にはどうなるのかという次の新たな修行段階が出現してくるのです。これについて刀耕先生は次のように説いていらっしゃいます。

動いている中で自分を失わないようになれば、これは本物だ。ところが、相手が動いていると、何処《どこ》が本当やら分からないんだよね。だから、剣道は難しい。みんな「当てっこ」になっちゃう。やっているうちに「対立」になってしまう。あの中で、対立にならないものを見付けたら本物だ。ボヤボヤしていれば相手は打って来るんだから、非常に難しい。だから、「形」と「稽古」を合わせてやっていくんだね。そうすれば、ややこの本物に入る。

『同上』五—六頁

本物の境地に達するためには、形の稽古が極めて重要であるということがよくわかってきました。では一体どのようにして剣道形の修錬に取り組んだらよいのでしょうか。この疑問に対して、刀耕先生は後進の私たちが工夫の動機とすることができるように、次のような具体的な方法を示唆[註九三]されています。

今年一月二十九日に九十一歳で亡くなられた小川忠太郎先生は、昨年五月に京都で「私が京都大会に来るのはもうこれが最後かも知れない。そこで提言をします」とおっしゃいました。その提言は、「剣道形は、呼吸を止めて打たなくてはいけません」…〈中略〉…「古流の形をすることが呼吸の鍛錬には一番よいけれども、今はそれを全員がするわけにはいかない。だが剣道形を呼吸を止めてやれば、同じように呼吸の鍛錬になり、丹田呼吸になる」…〈中略〉…より具体的には「剣道形一本目では、構えた時に息を吸う。間合に入る。機をみて打太刀が打つ。そこで『ヤー』の掛け声と共に息を吐く。仕太刀も、出てきて『トー』のところで息を吐く。呼吸を止めてこういう鍛錬をすれば剣道はよくなる。剣道の理念に基づいた剣道ができるようになる」と話されました。

形の稽古は竹刀稽古に勝るとも劣らず重要であることが明らかになったと思います。そしてこれを刀耕先生が教示された稽古法によって錬っていけば、それが「本物に入る」ための鍵となるということですから、平素の稽古に形稽古も取り入れる発心をし、少しでも理念に基づいた剣道が実現できるように、未在、未在と精進をしてまいりたいものです。

註九二、刀耕先生が形といわれる場合には一刀流や直心影流などの古流の形に言及しているが、本稿では日本剣道形を第一義として意図している。

註九三、佐藤清英範士（全剣連審議員）「剣道講話　正しい剣道をもとめて」、月刊『剣窓』平成四年八月号、六—八頁、全剣連発行。

第四十二講　捨身の稽古

剣道の技は出発点が捨身、到着点が相討ちである。

『小川忠太郎範士剣道講話㈠』一三七頁

冒頭に引用した言葉は、剣道の極意を簡潔に表現しているものであり、よく味わってみる価値があります。まず「捨て身」ということについてみると、一般的には〈命を捨てる覚悟でものごとに当たること〉[註九四]をいいます。しかし剣道には剣道ならではの独特な意味解釈があり、刀耕先生は次のように説いていらっしゃいます。

捨身という言葉は、剣道に限らず世間一般に広く使われている。しかし間違って使っていることが多い。剣道に例をとると、相手と対峙しているとき、相手の剣先が利《き》いているにもかかわらず、遠間から大きく振りかぶって打っていく。そして突かれる。こんなのは捨身とは言えない。理にかなっていないからである。こんなことは、道具をつけて竹刀でやっているから出来るのであって、刀をもった真剣勝負なら出来るわけがない。

捨身というのはそんなものではなくて、己れを捨てるということである。

『同上』一二六頁

捨て身とは、決して無謀を冒して目的を遂げようとすることではありません。理にかなった打突を遂行するために、自分の身も心も捨てることを意味します。強いていえば心の捨て方のほうがずっと重要です。条件反射のような場合を除けば、人間がおこなう動作は、通例、心が始発点になるからです。

これに関連して禅に「放下著《ほうげじゃく》[註九五]」という言葉があります。ここでも、捨ててしまうことの重要性が強調されています。剣道でも、相手と対峙していると、負けたくないとか、上手に打ちたいとか、あるいは打たれたくないなどの執着心をはじめ、実にいろいろな妄念が湧いてくるものです。そうした雑念は、決して容易なことではありませんが、一切を捨て去ってしまわないかぎり、本当の技は生まれてこない、ということです。即ち、捨身《しゃしん》とは捨心《しゃしん》の問題であるのです。出発点で捨て身の技を錬成し、次に相打ちの技の養成をめざすことが正統な修行の道筋であるということについて、刀耕先生はさらに次のように説かれています。

自分だけ安全な所に置いて、相手を倒す事なんか出来はしない。その一本に自分を投げ出していく。だから相打ちは相打ちで死ぬと言われている。一刀流でいえば「切り落とし」だ。自分を捨ててしまう。そこへ入っていかないといけない。それは剣道になる。なかなかそう言っても、実際に相手があると、突かれそうで打っていけないだろ。やっぱり自分が惜しいんだ。相打ちの稽古。もう稽古は相打ちでやる。そこを覚える。

『小川忠太郎先生剣道話　第二巻』一五五頁

捨て身の稽古も相打ちの稽古も、ともに根本には心の問題が横たわっています。ここでは刀耕先生が説かれるところにしたがって、出発点の捨て身技の稽古についてもう少しみておきたいと思います。

体を捨てて心が生まれる。「身を捨てて、また身をすくう貝杓子」。自分を捨てて、また自分の身が新しく生まれる。本当の自分というのが生まれる。これを理の修行という。

『小川忠太郎範士剣道講話㈠』一二八頁

第一段階は、自分の身体を捨てる修錬から入りますが、この工夫は若いうちに三年間の切り返しと掛かり稽古によっておこなうのが最善であるとされています。

切り返しや掛かり稽古は、疲労感が強くてつらいばかりである。こういう印象を強く抱いている人が多いのではないでしょうか。しかし、正しい剣道を身につけるためには、どうしても越えなければならないハードルです。また、刀耕先生によれば、この稽古を十分に積んでおくのかどうかによって、先において大きな違いが出てくるということですから、事はますます重大です。

最初から技ばかりの当てっこをやっていると、三十歳くらいを境にして、だんだん落ちていく。切り返し、掛かり稽古で鍛えたものは年とともに円熟していくから、その差は大変なものになる。小手先だけの剣道だと体が衰えるとだめになる。ところが捨身の稽古をやっていると、捨身というのは心だから衰えることはない。体は年とともに衰えるが、心は逆に成長する。

『同上』一三二頁

捨て身の稽古には、何と重要な意義が含まれていることでしょうか。これは他者に勝った負けたという相対の世界のことではなく、一人ひとりに内在することの問題です。この解決は簡単なことではありませんが、技を一つ出しては身を捨て、また一つ出してはまた身を捨てて、日々新たなりと稽古に精進していきたいものです。

苟《まこと》に日に新たに
日々に新たに
又日に新たなり　『大学』

註九四、『精選国語辞典』明治書院（一九九四年）を参照。

註九五、趙州《じょうしゅう》禅師の言葉。禅語の意味は、西部文浄著『茶席の禅語(上)』（タチバナ文庫、平成六年刊、一四二頁）によると、「なにもかもきれいサッパリと捨ててしまえということです。有無、得失、是非、善悪、そういう二元対立の分別心執着心をすべて捨ててしまえということ。価値あるものもないものも総《そう》に捨てよ、捨てて捨てて捨て切って、胸に少しのわだかまりもないようにせよ」と解説されている。

第四十三講　剣道理念

剣道は心（理）である。心とは自己である。自己を離れて剣道はない。

『小川忠太郎範士剣道講話㈠』八五頁

無得庵小川刀耕先生が他界されたのは平成四年（一九九二）一月二十九日のことです。遺された辞世の句は次の通りですが、思い出して唱えてみるたびに、剣道理念の重要性について考えさせられます。

我が胸に
剣道理念
抱きしめて
死に行く今日ぞ
楽しかりける

剣道理念が制定されたのは今から三十五年も前のことです。その背景には、すでにある現象が剣道界に顕在化しはじめており、それを剣道の健全な普及・発展を希求する良識ある指導者たちが、もはや目をつむったままでいることができないほどになってきていたという事情がありました。それは「アテッコ剣道」と呼ばれるものであり、悪貨は良貨を駆逐するという諺がありますが、まるで正しい剣道が駆逐一掃されてしまうかのごとき日本伝剣道の危機的な趨勢《すうせい》があったのです。これについて刀耕先生は次のように観察されています。

日本の剣道が、そのような〝アテッコ〟稽古になったのは何処から来たかというと、それは試合からである。試合は当りさえすればよいから……。そういう考えであるから、剣道は当てるをもって足れりとする稽古となった訳である。

『同上』八二頁

それで全日本剣道連盟は、剣道を正しい道に戻すための指導理念として「剣道の理念および剣道修錬の心構え」を制定したのです。

〝アテッコ〟の剣道になってしまうと――殊に私が心配するのは、今は…〈中略〉…小学生から試合をさせている。そして「勝った」「負けた」を小学生から教えている。これは問題である。剣道は「勝った」「負けた」ではない。「無敵」、優劣がないという事が剣道である。それを小学生から「勝った」「負けた」を叩き込んでいる。こういう教育を受けた人が大きくなってごらんなさい。三つ子の魂百迄もで、小さい頃からやった事は一生抜けない。思えば一生涯を棒に振る事になる。これは剣道界、否日本の将来にとって大変な問題である。

『同上』八三頁

幼少年期の教育は重要であるといわれますが、それは後の人生の土台を形成する時期に最初に入力《インプット》されるものによって大きい影響を受けることがあるからです。この仮説に基づけば、アテッコ剣道の影響を強く受けて育つと青年剣士になってもその癖がなかなか抜けず、勝敗にこだわり過ぎるあまり、一期一会の交剣を通して相手との剣縁を愛《お》しむ気持ちを素直に抱くことが難しくなり、豊かな人間形成の発達を阻害するおそれが多分にあるからです。反対に、幼少年のときに正しい剣道の習い方がインプットされていると、その良い種からは健全な剣道の樹が育っていくものです。とにかく剣道界においても、次代を担う大切な幼少年剣士を正しく大事に育てていきたいものです。

さて、剣道をするということは、もちろん「剣の理法の修錬による人間形成の道」を歩むことです。しかし、さらに人生の観点から「その道を歩むのは何のためだろうか」と問えば、答えは「自分が、そして周囲の人も、共に幸せになるためである」ということになるでしょう。

こういう大目的があるからこそ、理念に沿った剣道の修行の在り方が大変重要になってきます。では理念を実践するためにはどうしたらよいのかという問題が生じてきますが、その前にまず理法とは何か、その要点をよく心得ておく必要があります。これについて、刀耕先生は次のように説かれています。

剣の理法というのは自然の理法である。〝自然〟の二字を加えるとよく分かる。自然は人間の作ったものではない。人間の作ったものは替えられる。憲法でも替えられる。自然の理法は替えられない。これは絶対である。日本剣道で真剣勝負をやって一流を為した名人の位は、自然の理法に迄到達している。例えば、二天一流、宮本武蔵の極意に、

春風桃李花開クノ夜

秋雨梧桐葉落ルノ時

これは自然の妙用である。春になれば自然に花が開く。秋になれば僅かな雨ではあるが、自然に葉が落ちる。この様は正に自然である。この理法が二天一流の原理である。正に自然の理法であるから替えられない。絶対である。

『同上』八四頁

剣の理法とは自然であるということです。剣道は「正しい」基本に則っていることが大切で、別言すれば「自然な基本」註九六を工夫することが肝要です。

では一体どのような稽古を心がけたらよいのでしょうか。刀耕先生は、四つの段階に分けて説かれていますが、その第一番目は「理の修行」です。

剣道は心（理）である。心とは自己である。自己を離れて剣道はない。今の人達は、自己を離れて相手ばかりを気にしている。「あれにはあーの」「これにはこうの」「あーしたらよいの」「あーしたら駄目だったの」等と自己を離れた剣道をやっている。それでは方角が間違っている。自己を離れては剣道はない。剣道は真実の自己を悟るのが最初の関門である。これを〝理を悟る〟という。

市川の宏道会にて、小川忠太郎範士86歳

『同上』八五―八六頁

これに続いて「事の修行」、「事理一致の修行」、そして「事理相忘の修行」という段階がありますが、これについては講を改めて触れることにしたいと思います。

とにかく剣道の理念に則した稽古を実現しようとするのであれば、外に求めるのではなく、自己を深く耕していくことをよく心得ておく必要があります。なぜならば、それにしたがって精進をしていくことにすれば大事な剣道の理念を全うする道から外れるおそれがなくなるからです。

註九六、「正しい」とは「自然である」ことをいうという話題については「第十九講」を参照のこと。

第四十四講　元立ちの稽古

下手に対して気分が一杯に入って使えるようになれば、もうしめたものだ。

『百回稽古』一二八頁

稽古においては、上手として元立ちに立ったり、あるいは下手として元立ちに掛かったりということがありますが、今回は元立ち稽古の在り方ということをテーマにしてみたいと思います。

普段の稽古において、上位者の元立ちに掛からせていただく場合には全力で掛かることができるものですが、逆に元立ちとなって下位者を相手にする場合には、全力を発揮して相手を務めることができないという人が意外に多いのではないでしょうか。

この問題について、まだ五十代半ばにして警視庁剣道師範として日々稽古に精進されていた刀耕先生は、持田盛二範士と次のような談話をされています。

余、持田先生に言う。「先生に御願いすると、気分が一杯に入り全力が出ます。下手を使う場合にも同じ人間だから全力が出てよいわけですが、下手に対しては気分が一杯に入りません。この点は心懸けているのですが自分には未だ出来ません」

持田先生曰く、「下手に対して気分が一杯に入って使えるようになれば、もうしめたものだ」と。

『同上』一二八頁

誰でも納得のいく剣道をめざして稽古に励んでいるわけですが、その鍵は必ずしも上位者に全力で掛からせていただく稽古にだけあるというのではありません。たとえ下位の人が相手であっても、元立ちとして気分が充実していれば、そこにも鍵は潜んでいるのです。

日本の伝統文化の流れにおいて、剣道と同様に能もまた習い事の一つであるとみなすことができますが、世阿弥《ぜあみ》[註九七]の説く教えの中にまったく共通した芸道精神を見ることができます。

上手は下手の手本、下手は上手の手本なりと工夫すべし。下手のよきところを取りて、上手の物数《ものかず》に入ること、無上至極《しごく》の理《ことわり》なり。人のわろきところを見るだにも、わが手本なり。いはんやよきところをや。

能の大先師も「上位者は下位者の手本になるのはいうまでもなく、下位者もまた上位者の立派な手本になる」と修行の望ましい在り方を洞察しています。

では、下手に対しても気分が一杯に入って使えるようになるためにはどうしたらよいのでしょうか。この興味深い問題について、刀耕先生は次のように説いております。

した手を使う時、つまり、元に立つ時に気を抜いちゃいけない。「ホーラホラ、ホーラホラ」やっていると、気合が抜けちゃう。そういう時に、気を付ける。だから心がけのいい先生は、切

り返しを受ける時でも、その「点」を見失わないように構える。その「点」の相続を修行する。そうして行くと、身に付く。この「点」には、上手下手、器用不器用はない。点を見失ったら、元の「シャン」とした構えに戻る。ここなら大丈夫だという構えがある。しっかり元へ返って、そこから稽古する。（傍点著者）

『小川忠太郎先生剣道話　第一巻』一三八頁

元立ち稽古であっても自分の向上を図ることができる稽古の在り方として、気のこもった「点」の相続を心掛けることが肝心である、と刀耕先生は説かれます。では、ここでいう「点」とは一体どんなものなのでしょうか。

「点」という事。中段の構えは「点」なんだ。それを、細かく説明すれば、「気分が充実して、手足が柔らかく」。そして、その充実した気分が、先革の先に出る。これが剣道なんだ。剣先に「目」がついている。構えは、ここで決まる。これを、まず捕まえる。これは、自得する。説明は出来ない。これを捕まえたら、時間の経過の中で、常に、この「点」を見失わない。「点・点・点・点」が「先」になる。これが技に変わる。その「点」を見失っちゃうから駄目なんだ。これを見失った証拠が、どこに出るかと言うと、左足のかかとに出る。体が浮いてくる。これは、見失った証拠だ。そうすると的確な判断が出来ない。これは修行して自得しないと、どうしようもない。点・点・点・点の連続。これは、柳生流の説明だが、いい説明だ。あくまで「点」で行くから「先」。相手が来るのに応じて「先」。これを自得して、これを練って行くんです。この

「点」の連続をね。

『同上』一三七頁

ここでいう「点」とは正しい中段の構えのことです。換言すれば、心・体・刀法に照らして最善の気・剣・体が一致した中段の構えです。これが稽古において、相手と対峙した今、そこに、実現すれば、その今の状態を点とみなして、それを今・今・今……と相続していくことを「点」すなわち「先」の連続といいます。これを実践することは決して容易なことではありません。しかし元立ちを務めても向上を図ることができる稽古にはそういう大事な押さえ所がありますから、それを忘れないようにして平素の稽古に精進していく必要があります。そうすると、持田範士がおっしゃった「そうなれば、もうしめたものだ」という境地に達することができるようになるということですから、大いに発憤して「点」の連続に努めていきたいものです。

註九七、世阿弥（一三六三―一四四三）は室町初期の能役者・能作者、観阿弥《かんあみ》の子。引用は「風姿花伝《ふうしかでん》」『新潮日本古典集成　世阿弥芸術論集』四六―四七頁（新潮社刊、平成二年）より。

第四十五講 獅子の気合

蹲踞から獅子の気合で立ち上がる。立ち上がって相手と竹刀を交えたときは、自分が先になっていなければいけない。ここが大事なところである。

『小川忠太郎範士剣道講話(二)不動智神妙録』一二三頁

最善の剣道とは、充実した気と剣と体の三つから成り立ちます。なかでも先の気という要素を錬成するためには、強く鋭い発声を伴った素振りや切り返しなどの稽古によっておこなうのがよいと一般に考えられていますが、本講では刀耕先生が説かれる「獅子の気合」という観点から理解を深めてみたいと思います。

百獣の王たる獅子は、自分より大きい象と闘うときにも、ぐーっと引きつけておいて跳びかかる。小さな兎に対しても、侮《あなど》らないで、ぐーっと引きつけておいて、ウォーッと気合を入れてパーッと捕える。獅子が蹲《うずく》まっている。踞地《こじ》獅子。これが理の修行である。手で示せば、ぐーっと拳《こぶし》を握りしめたところである。

…〈中略〉…

剣道でも、相手に礼をして蹲踞する、ここが大切なのであって、ヒヨロヒヨロ立ち上がって、すぐ面を打ってゆくというのなどは本当の剣道ではない。持田盛二先生は、剣道で一番大事なところは、試合にしろ、稽古にしろ蹲踞であると言われているが、その通りである。蹲踞とは何か。自己である。自己とは何か。心である。

『同上』一二三頁

気の稽古で押さえるべき勘所《かんどころ》とは、右の講話から明らかなように、獅子の気合の養成をすることであり、その焦点は稽古や試合開始時の蹲踞の仕方にあるということです。蹲踞をしたときに呼吸を臍下丹田に蓄えるとともに自分の最善の浩然の気をもってグーッと立ち上がり、相手と対峙したときにもその充実した気分がほんのちょっとの減少もないようにして相続していく精進をすることが大事です。

剣道の「打ち込み三年」では、己《おのれ》に克《か》つ修行をやる。当てっこの修行ではない。全身全力でやる。これを「獅子の気合」という。

それが禅ではもっと積極的である。「己を殺す」という。これが「三昧」。殺すから大きな自己が生まれてくる。それを「大死一番、絶後に再蘇」するという。これを最初の「打ち込み三年」でやらなければいけない。

『小川忠太郎範士剣道講話(二)』「電光影裏春風を斬る」一二一頁

己に克つということは、稽古において自己を見失わないように努めるということです。また獅子の気合は、打ち込み三年の理の修行においてばかりではなく、黙々十年の苦行といわれる事《わざ》の段階においても大きな意味を持っています。

事の修行で大事な点は、蹲踞から獅子の気合で立ち上がる。立ち上がって相手と竹刀を交えたときは、自分が先になっていなければいけない。ここが大事なところである。下腹にうんと力をいれて蹲踞し、立ち上がると、立ち上がったときには抜けている。それぐらい人間の一心とか正念とかいうものは続かないものである。昔から言われる「初太刀は必ずとれ」というのは、この大事なものが抜けない修行である。

『同上』一一三頁

事の修行においても蹲踞からの修錬は重要です。それによって先の気位が養成されるばかりか、初太刀をとるという修行に向けても重大な意味があるからです。

剣道では初太刀の重要性がしばしば強調されますが、これは単に相手よりも早く打突をすればよいという程度の浅い解釈では不十分です。まず、竹刀を刀であるという観念で用いるのか否かによって、結果が大きく異なってきます。否とすれば、剣道は単なる打った・打たれたを争うスポーツの域に止まることになってしまいます。しかし日本刀であるとして捉えることができれば、精神的な意味で生死を争う武道の入口に立つことができるのです。しかし仮に初太刀をとろうとしても、刀耕先生が説かれるように、もし不十分な気構えで臨むのであるとすれば、本当の意味での初太刀をとるということは到底不可能なことです。前に銅皿裏満盛油《どうさらりまんせいゆ》[註九八]という訓話に触れたことがありますが、自分の心身に充実している気分を銅の皿になみなみと注がれた油にたとえてみるなら、初太刀を発するまでの間に、その油を一滴もこぼさないように相続して、一刀になり続ける修錬を重ねることが大事です。

蹲踞から初太刀を発するまでの刹那《せつな》[註九九]、刹那において、充実した先の気位を、前講で触れたように、点・点・点……と間断なく相続していくということは決して容易なことではありません。しかしながら、人間形成としての剣の道を歩むということを発心するのであれば、不退転の覚悟で臨むことが肝要です。古歌に、

剣術の稽古は人に勝たずして
昨日の我に今日勝つとこそ知れ

というものがあります。外に求めるのではなく、内に求めることが大事なことであり、蹲踞獅子の位や克己ということをよくよく工夫するようにしてみたいものです。

註九八、銅皿裏満盛油については「第三十講」（一四〇頁）を参照。
註九九、仏教における時間の最も短い単位とされ、一刹那は七五分の一秒に相当するとされる。……『新佛教辞典』（中村元監修、誠信書房刊、平成十六年）による。

第四十六講 剣道は心なり

心だよ、剣道は。しかし昨今は「剣は技なり」という人が多いね。

『剣と禅 小川忠太郎述』八五頁

剣道において、確かに技は必要な要素です。しかし、それにとらわれているともっと大事なものがあるということに気がつかないことがあるものです。

稽古に熱心な若い人に、剣道をすることの目的について尋ねてみると、十中八九、「試合で勝つためです」という答えが返ってきます。本当の修行目標については「何も知りません」とアッケラカンとして答えられると、なんと惜しいことではないかという気分に襲われます。幼少年時代から長年続けているにもかかわらず、剣道には技術の錬磨のほかに、心の井戸を掘って人間形成をしていくというもっと大切な目的があるということに少しも気がついていないからです。これでは青年の剣道が先細りになってしまうのではないかと恐れます。

技と心の関係について、刀耕先生は次のような興味深い洞察を示されています。

増田真助先生[註一〇〇]がうまいことを言った。ある講習会で技の説明をしてくれと言われたとき、「持田先生の中段の構え。あれが技だ」と。これでいい。構えが技。その構えが正しいから、正しい技が出る。もっと言えば、構えのもとは心。だから心が技。心が正しければ、技も正しくなる。島田虎之助の「心正しければ剣また正し」である。その心を正す定規は全剣連の指導理念と修錬の心構え[註一〇一]。「誠を尽す」こと。真心、誠、それ以外ない。これが人間形成に通じるのである。

『同上』一八三頁

ここで注目すべきことは、技の発生源は心であり、正しい技は正しい中段の構えから生まれ、正しい中段の構えは正しい心から生まれるということです。したがって、心を正しく養成していくためにはいかにすべきであるかということが大変興味深い問題となります。が、それには「剣道の理念」にある「誠を尽して[註一〇二]」というところの工夫を心掛けるのが一番であるということをよく心得ておきたいものです。

この意味で、剣道は修錬を積んで奥に入れば入るほど心の修行に重きを置くようにしなければなりません。心の養成に関しては『猫の妙術』[註一〇三]という有名な伝書があり、武道における心の修行の段階が暗示されていますから大いに参考になります。原典の引用は長すぎるので、ここでは寓話《ぐうわ》のあらすじだけは刀耕先生の講話から引用しておくことにします。

先ず一匹の大鼠がいる。そしてこの鼠をつかまえる猫がなかなかいない。最初の猫は技が早いだけで失敗する。二番目の猫は気勢はあるが、死を覚悟した鼠にはかなわない。三番目の猫はそれまでの二匹よりは上手で、心の和でやってみた。ところが自己の思慮分別から出た「和」だから、これも失敗。それで結局、鼠をつかまえたのは、大したこともないと思われた一匹の古猫であった。

　さてこの古猫は、鼠をつかまえることができなかった三匹の猫の力を否定はしないで、それぞれの段階を認めている。ただ古猫が三匹と違うのは「無心」で行なったこと。この無心とは捨身である。これは孟子の言う「浩然の気」。しかし古猫は「自分よりもっと上の猫がいる」と言う。それはかつて古猫の隣り村にいて、サッパリ気勢が上がらず、朝から晩まで居眠りしているような猫である。これは本当に己れを忘れた猫。「大丈夫天に先立って心の祖となる」という禅語があるが、初めの「心」が古猫で、終りの「祖」というのがこの眠り猫の境涯である。

　これは理事一致より上の境涯で、人間個人としての悟了同未悟、悟ってしまえば凡人と同じになるというところである。

『同上』二七六頁

　この話には、五種類の猫が登場します。最初の三匹は技の猫、気の猫、和の猫という鼠《ねずみ》取りの達人です。ところがこの三匹がかなわなかった鼠を取り押さえた大達人の古猫にいわせれば、この三匹はまだ技、気、和にそれぞれが執着して、「俺が、俺が」という「我」の雲のかかった状態であり、この雲を取り払う工夫をしていくことが肝心であるという具合に心の修行の在り方が示唆されているのです。

　斎村先生は、『猫の妙術』は熟読玩味する必要があると言っている。また持田先生は『猫の妙術』を引用して、剣道は最初は技を錬る、次に気を錬る、その次は間合が明らかになる。あとは

斎村五郎範士（右）と持田盛二範士

ただ案山子のように立っていればいい。それだけのことだが、この「ただ立ってる」というところが非常に難かしいと言っている。

『同上』二八二頁

近代剣道史における偉大な剣道家である斎村五郎範士[註一〇四]と持田盛二範士の右の教えについて、余分な解説は不要でありましょう。もし、両範士や刀耕先生のような大剣道家が歩まれた道を、いやしくも後進の私たちも辿《たど》ろうとするのであれば、技のみならず心の工夫も怠ることがないようにしたいものです。

註一〇〇、明治三十四年（一九〇一）～昭和四十六年（一九七一）。剣道範士八段。昭和十五年の天覧試合に指定選士の部で出場し優勝。持田盛二範士とともに講談社野間道場や妙義道場で後進の指導に当たる。また、警視庁剣道師範。

註一〇一、「指導理念」は「剣道の理念」を、そして「修錬の心構え」は「剣道修錬の心構え」を指し、ともに昭和五十年に全日本剣道連盟が制定したものであり、この二つを合わせて本当の『剣道の理念』ということに注意したい。

註一〇二、『剣道の理念』における「誠」の意味については「第三十四講」（一六〇頁）を参照のこと。

註一〇三、「天狗芸術論」の著者でもある佚斎樗山子《いっさいちょざんし》（丹羽十郎左衛門忠明、一六五九〜一七四一）による享保十二（一七二七）年の作。原文は『田舎荘子・当世下手談義・当世穴さがし』（新日本古典文学体系81、岩波書店刊、一九九〇年）「田舎荘子」四二―四九頁を参照のこと。

註一〇四、一八八七（明治二十年）〜一九六九（昭和四十四年）。剣道範士十段、紫綬褒章受章、武徳会本部武道専門学校剣道助教授、早稲田大学師範、国士舘専門学校剣道科教授、警視庁剣道師範など。持田盛二範士十段とともに一時代を築いた。本講に関連する範士の言葉として「剣道は精神が本である。技は精神を体得せんがための手段である。」というものがある。（『気の剣　斎村五郎伝』早瀬利之著、スキージャーナル社刊、一九九七年、三二四頁より）

第四十七講 攻勢

剣道は口で言うだけの有言不実行は駄目。持田先生のように実際にやれなければ駄目。有言実行でなければ駄目である。

『小川忠太郎範士剣道講話(一)』九二頁

剣道の修行はどのようにしていくのが最善なのだろうか。日常の稽古に精進しながらも、こういう疑問を抱いたことのない人はいないのではないでしょうか。これに関する刀耕先生の洞察は「第四十三講」でみたところですが、本講では持田盛二範士十段による修行論に注目してみたいと思います。

刀耕先生によると、持田範士は八十七歳のときに剣道は三段階にわたたって修行をしていくのがよいというお話をされたのだそうです。その第一段階とは次のものです。

「第一段階」はただただ稽古の数をかけること。つまり稽古量の問題である。稽古量が人に負けては駄目である。換言すれば、努力が人に負けて成功する筈がない。しかし稽古量だけではいけない。つまり単なる努力だけではいけない。

『同上』九一―九二頁

上達するためには「稽古に数をかけよ」という教えがありますが、それはまさにこの段階のことを指しています。切り返し、掛かり稽古、あるいは相対稽古の量を増やす努力によって、理を身につけ事《わざ》を実行することができるような修行をこの段階で十分におこなうことになります。しかし、いつまでも量だけでは不十分ですから、量から質への転換を図るために、理合の観点から反省と工夫を取り入れた質の修行をくり返すことになります。

「第二段階」は、一本一本の技は理合に適《かな》ったような稽古でなければいけない。事理一致の稽古でなければいけない。今日の剣道であれば、両者が試合をする。一本を打った。その一本を打ったものに対して、判定で審判員の三本の旗が三本揃《そろ》ってパッと挙《あ》がるようでなければならない。二本の旗が赤で、一本の旗が白であるようでは本当に理合に適った技とは言われない。こうなってくると、これは稽古量に対して質の問題となってくる。つまり質の良い稽古、事理一致の稽古を修錬する。

『同上』九二頁

この事理一致の修行においては、稽古・試合における一本一本の技が理合に適《かな》ったものとなるように工夫を重ね、稽古・試合の質の向上を図ることがポイントになります。これに関連して、試合において三本の旗が同時に挙がるような有効打突のことに言及がありますが、これは大変興味深い例示ではないでしょうか。

このような工夫をしつつ質の修行を積んでいくと、次の第三段階に至るようになるということです。

「第三段階」は、事理一致を超越する。これを持田先生は考えられて「攻勢」と言われた。ジリジリと攻勢に行く。小細工をしない。何処《どこ》までも攻勢で行く。ジリジリとね。攻勢に出られるから相手は退《さが》らざるを得なくなる。退らなければ打たれてしまう。つまり退るより仕方がないように攻めるのである。「私はこのジリジリで勝つ」と持田先生は言われた。

『同上』九二頁

攻勢とは守勢の反対であり、一般に、戦いや試合などで積極的に相手を攻める態勢のことをいいます。しかし、ここで用いられている「攻勢」は「ジリジリ」と相俟《ま》って範士ならではの独特の「先」のニュアンスが感ぜられますが、その境地を想像することは決して容易なことではありません。

実例を話した方が分かり易いから例を申し上げる。持田先生が鶴海（岩夫）[註一〇五]先生と模範稽古をされた事がある。持田先生のジリジリの攻勢に対し、早技の鶴海さんは一本の技も出せず、道場の隅まで追い込まれてしまった。

『同上』九二頁

さて、冒頭の引用は、この稽古を見学して驚嘆されたという三橋秀三[註一〇六]範士が刀耕先生に語られたという言葉です。三橋範士のおっしゃった「有言実行」とは、もちろん、大事なことやなすべきことを黙々と実行するという意味の「不言実行」をもじったものです。が、ここでは「私はこのジリジリで勝つ」と明言されていた持田範士が実際そのとおりに理事一致の稽古をされていることに向けて贈られた絶賛として理解することができます。私たちが最善の修行を心掛けようとするのであれば、最終的にはこのような剣道を理想としてめざす修行を心掛けるようにすべきであると思います。凡人である私たちにとって、その境地はあまりにも高く、まるで遠路から富士の高嶺を拝むようであり、決して容易に近づくことができないように思えるかもしれません。しかし今やその何合目かに至る三段階の修行過程が開示されたわけですから、黙々と不言実行を志すばかりではないでしょうか。

本講のまとめになりますが、刀耕先生は、師である持田範士の説かれる最終段階の修行の仕方を先生一流の観点から分析し、禅の視点も加えて要点を明らかにしてくださいます。

持田先生の「攻勢」は先ず捨身の修行で真実の自己を悟り、それから悟後の修行で事理一致を練り上げ、最後は自己を忘れた境涯に至る。これを「悟了同未悟」の境涯と言う。ここが持田先生の「攻勢」である。持田先生は、多年剣道修錬の結果、勝敗を超越し真人の境涯に到達されたのである。

『同上』九二頁

結局、剣道の修行を通じて私たちが歩んでいこうとしている目的地は、段位や称号の取得、あるいは試合の勝利というところでは決してありません。捨身の修行により、誰しもが生まれながらにして持っている真実の自己を悟ること。そして悟後の修行により事理一致の境涯を究めること。さらには悟了同未悟の境地へと到達すべく人間形成の修行に精進を重ねていくということに他ならないのです。

註一〇五、第二十八講「稽古の楽しみ」註五三（一三四頁）参照。

註一〇六、三橋秀三。一九〇四（明治三十七年）～一九八四（昭和五十九年）。東京高等師範学校助教授、静岡大学教授、岐阜大学教授、中京大学教授などを歴任。『剣道』（大修館書店刊、昭和四十七年）の著者。剣道範士八段。

第四十八講　一足一刀生死の間

剣道で一番大事なのは、剣尖が触れるか触れないかの所、「一足一刀生死の間」と名前を付けた。「一足一刀」と言う。ここは「生きる」か「死ぬか」の別れ目だ。

『小川忠太郎先生剣道話　第二巻』一〇〇頁

剣道では、切り返し・掛かり稽古で充分に身体を鍛えていきますが、刀耕先生によると、次によく工夫すべきところは「一足一刀生死の間」であるということです。

ここで一念が動けば切られる。だからといって、ボンヤリしていたらやっぱり打たれちゃう。だから難しいんだよ頭の中で何かを考えてもいけないし、ボンヤリしていても駄目。ここを自得する。「一足一刀生死の間」。剣道にはそれがあるから、剣道の生命がある。

『同上』一〇〇頁

剣道の生命であるとみなされる「一足一刀の間」において生死の工夫をしていくためには、稽古の開始は遠間からでなければなりません。蹲踞から立ち上がったら、もう竹刀が交差している状態では、この修行に入ることはできません。しかし、たとえ遠間から触刃の間に迫っても、そこでもし一念が動けば切られてしまいますから、気分が弛《ゆる》まないように、また妄念にとらわれることがないように稽古の工夫を心掛けなければなりません。

ところで、この生死の問題について刀耕先生は次のように説かれています。

人間にとって、最も根本的な事は、「死ぬ」という事だ。「人生」と言うが、これには言葉が一つ隠してあるね。「人の生死」と言う事、「人の一生」と言う事なんだ。これが根本問題でしょ。剣道で、これを解決するんだ。ここを解決するには、「考え」つまり「理論」では駄目なんだ。だからと言って、何も考えないで放任しておいても駄目なんだ。これをどうするかを、修練する。「一足一刀生死の間」。これが分かれば、もう自分の問題は解決だ。

『同上』一〇〇頁

驚くべきことですが、刀耕先生が指摘されていることは、一足一刀の間における生死の修錬には、剣の道を極める上でのみならず、ただ一度しかない人生を生きる上でも、自分という個人の根本問題を解決するという重大な意味があるというのです。この問題は、頭で考えるだけでは決して解決することはできません。「有言」型であれ「不言」型であれ、とにかく生死の間における修錬を継続し、試行錯誤をくり返す努力をすることによって体得する以外に方法はないということです。刀耕先生は、この修行の方法についてさらに具体的な例を挙げて、次のように私たちを導いてくださいます。

山岡先生註一〇七はこれを四十五歳の時に本当に解決した。それで無刀流を興した。この「生死の間」に立つと、普通の者なら固くなる。固くならないで、意気が益々盛んになる。剣道は、それを覚えるんだ。それをどこで覚えるかと言うと、初太刀一本で覚える。地稽古で。「ジーーッ」と。もし、打てなかったら、百年でもそのまま構えていればいい。泡を食って行く事はない。そこを覚える。これがあるから剣道なんだ。「一足一刀生死の間」。「ジーーッ」と、ね。

『同上』一〇〇―一〇一頁

すなわち、一足一刀の間においては気・剣・体が一致し、それが持続する修錬をすることが大変重要であるということです。しかし、実際問題として、それはなかなか容易なことではありません。たとえば、互格稽古において、相手とまだ竹刀が接していない遠間のときならば、充実した気分を維持することは決して難しいことではありません。しかしそこから徐々に触刃・交刃の間に攻め入るにつれて、統一しているはずの気・剣・体の気に変化が生じてきます。停滞したり浮いてしまったりすることがあるものです。そのために肩に力が入ってしまうということまであるのです。

刀耕先生の洞察されるところによれば、一足一刀の間では本当に気が張っていなければならないにもかかわらず、相手を見て意識すると、その途端に気に緩みが生じるのだそうです。また気分がフワーッと浮いてくるのは、上虚下実の原則に反して、気息が喉や胸の辺りに停滞して下半身にある臍下丹田《せいかたんでん》のほうにまで下がってこないところに原因があり、また肩に力みが入るのは、

「勝つの一念」以外に余計なことを思うからであるのだそうです。

対人関係になると、みんなそうなる。相手を馬鹿にするか、相手を恐れるかのどっちかだ。大体においてね。どっちも駄目なんだ。そこで、修行が必要になる。対人関係であっても、相手を超越してしまえばいい。互角でやっているから駄目なんだ。

『同上』四五―四六頁

刀耕先生の指摘されている点に過去の稽古や試合の経験をよく照らし合わせてみると、思いもよらなかった気の変化の原因がどこに端を発していたのかということが明らかになってくるのではないでしょうか。そして、目のウロコが落ちてみれば、一足一刀生死の間において気剣体一致の程度が減少したり、乱れたり、また固くなったりするという劣化現象を改善するためには、結局、心の方面についても大いに工夫して正しい心の養成に努めていかなければならないと気がつくのではないでしょうか。

そのためにどなたでもすぐに着手できる方法とは、もし持った竹刀は竹製であるから相手のそばへ近寄って少しくらい触れてもケガなどするはずなく安全であるなどと勝手に決めてかかっているようでしたら、これからの稽古においては、そのような安易な考えを捨ててしまわれることです。「剣道の理念」における「剣」の観念とはまったく相容れないものであるからです。むしろ、素面素小手の真剣勝負のつもりで一足一刀生死の間に迫るという具合に、稽古に臨む心を改める必要があります。そうすれば、きっと新たな境界が拓《ひら》きはじめるに違いありません。刀耕先生は次のように説いて導いてくださいます。

一足一刀の間合というのは、人生の窮した所じゃないですよ。窮するよりもっと凄い所がある。それは死ぬという所。日常生活で窮するというのも大変な事だが、その先の「生死の間」。「一足一刀生死の間」。ここをしっかり解決しておけば、世の中の事は、何も有りはしない。命のなくなるような所で、正しい判断が出るようならいい訳だ。口では言えるが、それが難しい。それが剣道にある。間合に入って浮いた時は、「浮いたな」、肩が凝った時は「凝ったな」と反省する。技に出る前が勝負なんだ。そうすると、剣道がやり甲斐のあるものになる。そこをしっかりやる。問題はここだけです。

『同上』四六—四七頁

註一〇七、山岡鉄舟《てっしゅう》高歩《たかゆき》、一八三六（天保七年）～一八八八（明治二十一年）。無刀流の開祖。戊辰戦争に勝海舟らと徳川家存続のために奔走。静岡で西郷隆盛と会見し、江戸城の無血開城の基をつくる。

第四十九講 一心

剣道は、簡単に言えば「一心一刀」という事。「一つこころ」。二つになっちゃちゃ駄目だ。一つこころ。これが「切り落し」。これを、形によって、数をかけて自得する。

『小川忠太郎先生剣道話　第一巻』五五頁

稽古において十分に納得することができる打突を求めるというのであれば、まず心が一つになりきっていなければなりません。これを「一心一刀」の教えといいますが、刀耕先生は次のように説いていらっしゃいます。

「一心一刀」。これは言葉じゃない。相手とこう構える。相手と正対すると「一心一刀」。かたちだけ正対していても、「もやもや」していては「正対」じゃない。雑念が入るから「一心一刀」じゃない。「正対」していればいいんだ。それを自得するんだ。それに色々な名前が付いているから、名前にごまかされないように。三昧と言ったって名前だ。不動智神妙録の「応無所住而生其心」（おうむしょじゅうにしょうごしん）だって名前だよ。名前でなく、本当に「一心一刀」になる。それは、百練自得より手はない。形でも、総てはそこが大事。

『同上』五五―五六頁

この講話による一心一刀の教えとは、剣心一如の状態が少しも乱れることがなく、相手と対峙したときから打突を発する瞬間に至るまでずーっと終始一貫していることが大事であるということです。うわべの構えがたとえ十全に見えても、内面に驚き、懼《おそ》れ、疑い、惑いなどという雑念が少しでも生じて心の水面に波紋が生じているようなことがあれば、とうてい一心ではありえないことになります。古歌に〝晴るるかと思えばすぐにさみだるる　あなおそろしきわが心かな〟というものがありますが、それくらい人の心とは乱れやすいものであるということが昔からよく知られており、武道に精進しようとするのであればますます心の修行が重要になるのです。

日常生活で「一心不乱」という言葉を耳にすることがありますが、この「一心」とは仏教語に由来し「心を一つにして他念のないこと」[註一〇八]という意味であるのだそうです。そうすると、これは「三昧」のことではないかと思い当たりますが、刀耕先生と道縁があったという澤《さわ》木《き》興道《こうどう》禅師[註一〇九]はこの境地について次のように説いておられます。

　坐禅とはどんなものかというに、どんな学者も学問を捨て、金持ちは金を捨て、智慧者は智慧を捨て、弱い者は弱さを捨て、貧乏人は貧乏を捨て、一切を投げ出して坐るのです。ただ坐るのです。私がよくいう言葉ですが、自分になりきる。私が私になりきる。あなたがあなたになりきる。山が山になりきる。茶碗が茶碗になりきる。一切の物がそれ自身になりきる、それが坐禅です。

澤木興道著『禅談』[註一一〇]大法輪閣刊、二一四―二一五頁

さて、「一心」の心とは「応無所住而生其心」という心であるといわれることもあるそうですが、これは沢庵禅師[註一一一]が柳生但馬守[註一一二]に与えた剣禅一味の書『不動智神妙録』[註一一三]に出てくる言葉です。

「応《おう》無《む》所《しょ》住《じゅう》而《に》生《しょう》其《ご》心《しん》」(応《まさ》に住する所無くして其《そ》の心を生ず) これは『金剛経』に載っている有名な言葉で、釈尊が十大弟子の一人である須菩提に、修行中の用心について説いた一節である。「応無所住」というのは、心がどこにも住しない。つまり留《とど》まらないこと。そのことをしながら、そのことに執着しない。心の体である。

「而生其心」は自分の心を自由自在に使っていく心の働きである。

…〈中略〉…

沢庵は「応無所住而生其心」ができれば諸道の名人だと言っているが、これは禅では初心者に見せる公案である。公案は悟りであって説明では届かない。これは「三昧」と言ってもいいが、体得する以外に術《て》はない。

『小川忠太郎範士剣道講話(二)不動智神妙録』一〇二頁

「一心一刀」とは「三昧」のことであり、また「応無所住而生其心」のことでもあるということをみてきましたが、これによって明らかになってきたことがいくつかあります。

まず、「一心」とは、余分な雑念が何もない清澄な心の状態のことをいいます。稽古でそういう心になりきるためには、不要な妄念の原因となり得る称号・段位・社会的な地位・年齢・性別などの想念を一切捨ててかかることが肝要です。これは「第四十二講」で触れた「捨心」に相当するものとしてよいでしょう。

次に、「一心」という心の在り方は、いくら一つのことに集中するといっても、掛け声で相手を威圧しようと思えばそのしようという想いに心が停滞したり、あるいは打突の隙を窺《うかが》って相手の剣先の動きにばかりに注目すると、それにまた心が止まり、そのために新たな状況に対応することができなくなってしまう「止心《ししん》」という負《マイナス》の現象が生じてきます。そこで逆に、心がどこにも住しない、すなわち、停留しないということが最も望ましい境地であるということになってくるのです。

剣道の修行とは、要するに、そういうところを目標にして励むことが大切です。しかし、竹刀稽古では相手がありますから心の修錬がなかなか容易なことではありません。そこで上に引用した刀耕先生の言葉にあるように、形の稽古を百練も千練も万練もすることによって、「一心」という境地を「自得」することができるように、稽古で鍛錬と工夫を重ねていくことが、とりわけ大事であるということになります。

註一〇八、山下民城著『くらしの中の仏教語』(冬樹社刊、昭和五十三年)によると、「一心」の出典は「汝一心に精進し」『法華経』であるとされている。

註一〇九、澤木興道(一八八〇〜一九六五)。老師の偉大さを知るためには、『澤木興道聞き書き　ある禅者の生涯』酒井得元著(講談社学術文庫、一九八九年刊)を参考にされたい。

註一一〇、同書旧版（昭和十三年刊）の改訂新版（平成九年刊）による。

註一一一、沢庵宗彭《たくあんそうほう》禅師（一五七三〜一六四五）。

註一一二、柳生但馬守宗矩《たじまのかみむねのり》（一五七一〜一六四六）。

註一一三、「不動智神妙録」の原典は高野佐三郎著『剣道』（復刻完全新版）島津書房、昭和六十一年刊（「附録」一―一八頁）、また原典と現代語訳は『日本の禅語録十三　澤庵』講談社、昭和五十六年刊（一九七―二三八頁）を参照。

第五十講　獅子の位

剣道は打とうとしては打てぬ。相手に隙があれば打てる。又打たれる所はどんな早技でも自己に隙が無ければ打たれぬ。自己に隙があれば下手からでも打たれる。故に曰く剣道の大敵は自己也。

『百回稽古』二三四頁

剣道の稽古は、全力を尽くして掛かるのがよいとよくいわれます。普段何気なく口にしている「力」という言葉についてあらためて考えてみると、それは体力、気力、意志力、技術力、観察力、判断力をはじめ、剣道以外の何か大事な仕事を成し遂げようとするときには不可欠な力の要素で構成されていることを知って新鮮な驚きを覚えます。

さて、冒頭に引用した刀耕先生の洞察は、元立ち稽古において相手に打たれたときの経験から割り出されたものです。初級者のみなさんには少し難解な言葉であるかもしれませんが、よく味わってみたいものです。

とくに「剣道の大敵は自己である」という洞察は重要です。こういう角度から私たち凡人の稽古を振り返ってみると、どうやら打たれたときのことよりも、打ったときの技のほうに大きな関心を寄せる傾向があるようですが、これでは反省の方向がまったく逆であり、実りある反省が期待薄になってしまうからです。

互格稽古において相手に一本も打たれないなどということは、技量の上で大きな差がない限り、まずあり得ないことです。したがって、打たれた場合にはその事実を素直に認め、次回は同じ技を打たれないように謙虚に打たれた原因の解明を試みることが、上達のポイント[註一一四]になるはずです。

下位の相手から隙を打たれるという現象は、十ある力がまだ十分に出し尽くされていない例の一つであるとみなすことができるように思われます。

剣道は、気剣体の一致あるいは心気力の一致した本体を養成することを主眼としています。そのためには、心・気・剣・体のどの力もバランスよく十分に発揮されることがもっとも望ましいのです。しかし青年期には気がつきにくいことですが、私たちは壮年期に至ると次第に運動能力が低下してきます。したがって、その不足を補うために、生命力の中心的な要素である心力や気力を若いときから心掛けて継続して養成していくことが重要です。

これに関連して、刀耕先生の講話に大変興味深いヒントが示されております。

一刀流の極意に「獅子老蟻《ろうぎ》を見て牙を噛《か》む」という教えがある。獅子というのは百獣の王で一番強いもの。蟻《あり》というのは弱い。しかも老蟻だ。年寄り。まさに死なんとする蟻でしょう。一番弱い。その弱いものに対したときにも、まず身構えて、ウォーッと全力でぶつかっていく。これが一刀流の教えになっている。ということは、どういうことかというと、人間は真剣になれば互格だということなんです。これが腹に入っていなければならない。ですから昔の教えでも、「小敵侮《あなど》るな、大敵恐れるな」というのもここから出ている。同じものなんです。真剣に、ここをしっかり体得することですね。

『小川忠太郎範士剣道講話(一)』五九頁

極意の背景に少し触れると、一刀流の二代目、小野次郎右衛門[註一一五]が徳川将軍の命令で、盗賊を取り押さえに出かけたことがあるのだそうです。とにかく一刀流の名人ですから泥棒の五人や六人は簡単に捕えるつもりで出かけてみたのですが、相手は捕まればもう自分の命はないということを知っていたので命懸《が》けのことでした。それで小野次郎右衛門も死力を尽くして、ようやく捕えることができたということです。

極意中、獅子は剣を学ぶ者に匹敵します。その体格・力量に比べるとはるかに劣る一匹の、それも老いた蟻が相手です。それにもかかわらず、獅子は全力をあげて戦うことが相手に勝つための最善の秘訣であるとされているのです。

要するに、たとえ相手が小さな敵に見えても侮らず、逆に大きな敵に映っても恐れず、ウォーッと自己の全力で対峙すること、これがまさに真剣になるということの意味なのです。この状態には隙が見えないので、相手も容易に打って出ることはできません。ここにこそ刀耕先生がおっしゃる「人間は真剣になれば互角である」ということの真意が潜んでいるのではないでしょうか。真剣に成りきっている状態、これを別の言葉でいえば、通身是道《つうしんこれどう》[註一一六]といいます。

通身是道で浮かない人（持田先生）はどうする事も出来ぬが、打とう打たれまいとして浮く人はこの浮く所に技が入る。それには先ず自分が通身是道で浮かない人になる事が先決也。

『百回稽古』三三二頁

剣道の理念の「剣道修錬の心構え」にあるとおり、剣道は正しく真剣に学び、心身を錬磨して旺盛な気力を養っていくのが修行の本筋です。その正しい道をみなさんとともに歩んでいくために、武道における「真剣に」ということはどういうことであるのか、ということについて考えてみました。

古《いにしえ》の剣聖が命を懸けて体得した極意を現代の剣道に正しく受け継いでこれを活かしていく工夫をすること、これが古を稽《かんが》えるということです。刀耕先生の推薦図書である『論語』にも、「子曰《しいわ》く、故《ふる》きを温《あたた》めて新《あたら》しきを知《し》る。」註一一七という言葉があります。

さあ、大先達からの貴重な遺産である「獅子の極意」を受け継ぎ、心新たに剣の道に精進してまいろうではありませんか。

註一一四、相手に打たれた同じ技を二度と打たれなかったという模範として、刀耕先生はしばしば持田盛二範士の例に言及されています。

「相手に打たれるのは自分の欠点を打たれるのだから、どうして打たれたのか、相手に欠点を教えてもらったという気持になって、感謝してその欠点を反省する。

悟後の修行ではこの反省が大事。三摩の位で言えば工夫。これは非常に苦しいが、これをしないと伸びていかない。

このお手本は持田先生。相手に打たれると欠点を指摘してもらったと感謝して工夫し、二度目には決して打たせない。」……『小川忠太郎範士剣道講話㈠』一六三頁

註一一五、小野次郎右衛門忠明《ただあき》。永禄三年（一五六〇）～寛永五年（一六二八）。伊藤一刀斎の弟子。小野派一刀流を開く。徳川将軍家師範。

註一一六、「通身是道《つうしんこれどう》」とは禅の言葉で、頭の天辺から足の爪先まで身体全体で大道になりきっている状態をいう。

註一一七、この後「以《もっ》て師《し》為《た》る可《べ》し。」と続きます。原文は「子曰、温故而知新、可以爲師矣。」であり、現代語訳は「老先生の教え。古人の書物に習熟して、そこから現代に応用できるものを知る。そういう人こそ人々の師となる資格がある。」……『論語』加地伸行全訳注、講談社学術文庫、平成十七年刊による。

第五十一講 再考・気剣体一致

骨折って「気・剣・体一致」に行かなくてはいけない。「気・剣・体一致」の為には、これは、ほんのちょっとの事が障って一致しなくなる。

『小川忠太郎先生剣道話 第二巻』一二五頁

剣道は、常に気・剣・体が一致した稽古を心がけることが大切です。たとえば、昇段審査の会場で受審者の実技や剣道形を拝見することがありますが、合否判定は、やはり、気・剣・体一致の修錬の程度が大きな要因になっているように思われます。

気・剣・体一致の「気」とは「旺盛なる気力」のことであり、幼少年に対しては「元気いっぱいに」と指導されている事柄です。「気」とは『孟子』に出てくる浩然の気のことであるといわれることもありますが、実は、呼吸法註一一八と深く関係しているのです。気剣体の一致を養成する稽古法の代表的なものとして切り返しがありますが、その目的の一つが気息を養うこと、すなわち呼吸を胸から下腹部へと下げる修錬をすることが狙いです。

切り返しのかたちが出来ても、「気剣体の一致」が出来なければいけない。それはどういう事かというと、呼吸が下がっていなければいけない。初心の人は胸で呼吸する。それが腹へ下がる。

しまいには「かかと」まで下がる。そこまで行けば満点だ。

次に、「剣」のことについて、刀耕先生は次のように指摘されています。

「剣」というものは、左手が、これがこう決まっていなければいけない。これがこう緩んでいると、これでもう崩れちゃう。幾らやっても崩れちゃう。これは、素振り、正しい切り返しで直す。地稽古では直らない。だから、素振り・切り返し・掛り稽古に、うんと骨を折らないといけない。剣道は、話を聴いて、そうしようと思っても出来るものじゃない。もう竹刀を持てば、筋肉がそう成らないといけない。

『同上　第一巻』九〇頁

「剣」の原理原則である正しい刀法によって正しく習得したいことは、中段に構えたときの左手の握り方です。左手が決まって緩みがないということは、基本となる竹刀の持ち方[註一一九]を十分に身につけるようにするということに他なりません。すなわち、中段に構えたときや打ったときの手の内、また、その間に竹刀を振り上げ振り下ろすときの手の内に、あるいは刃筋の軌跡に乱れが生じないように鍛錬をすることが重要です。剣道では、手の内の理合を言葉で理解しようとすることも大切ですが、その理合を身体で覚えることのほうが何十倍も何百倍も大事なことなのです。

『同上　第二巻』一三五頁

さて、次は「体」についての注意点です。「体」に関する基本事項はいくつもありますが、とりわけ左足の習いが修錬の要点です。

「体」は左足で決まる。左足がこう曲がっていると、もう「気・剣・体」の「体」がこれで崩れちゃう。どうしようもない。この状態でやっても駄目だ。腰が入らない。これを今話した、素振り、切り返しでこれを直す。左足をこう。な。ピッタリ。つまり、一番大事な処は左手と左足なんだ。左足がこう入ると、「体」は決まるんだ。

『同上』二三五頁

左足が原因で腰が入らない状況として、左足が横を向いている撞木《しゅもく》足や鉤《かぎ》足などを代表的な例として挙げることができます。しかし、もっと重大な洞察が刀耕先生の指摘には含まれています。

警視庁の基本[註一二〇]の第一基本、「足の踏み方」のところに、「右足は基本の姿勢より足先をまっすぐにし、左足の土踏まずより約一足長前に出した位置に踏み出し、左足は蹠《せき》骨部を中心として踵を外側に捻転する」とある。

右足は約半歩。今の人はみんな広すぎる。また「踵《かかと》を外側に捻転《ねんてん》する」というのは、ちょっとわかりにくいが、これは腓骨《ひこつ》を伸ばすということと同じこと。腓骨が伸び、左足が捻転すれば左腰が生きてくる。

『小川忠太郎範士剣道講話(一)』二二五―二二六頁

剣道の稽古を続けている人で、上達を望んでいない人はいないはずです。ところが、「剣」のほうは熱心に習おうとしているけれども、足の習いを疎《おろそ》かにしている人が意外に多いのではないでしょうか。稽古はどうしても相手を打つということばかりに興味や関心が高まり、その結果、上体を使った動作にばかり目が向いてしまいがちです。しかし剣道には昔から「手で打たずに足で打て、足で打たずに腹で打て、腹で打たずに身体全体で打て」[註一二]という優れた教えがありますから、その理想を実現するためには右に示した刀耕先生の足の踏み方の基本をしっかりと身につけるように心掛けることは本当に大事なことであると思います。

初めにこれに悪い癖が付くと直らない。だから、最初の先生が大事なんだ。左足の膝の後ろ（ひかがみ）が曲がるような稽古をしていては、ものに成らない。腰が入らない。左足が決まれば、「体」が決まる。人間の土台が決まる。不動の姿勢が。ここを覚える。ここには、隙は有りはしない。どこへでも変化出来る。そういう所を気を付けて一生懸命やる。専門家の中には、ここを覚える為に、しまいには、ご飯も左手で食べた人が居るくらいだ。足を覚える為に、下駄の減り方を研究した人も居た。平らに減るように。そういう風にして研究した。だからね、基礎をしっかりやる。急いでも駄目。

『小川忠太郎先生剣道話　第二巻』一二六頁

以上の点に留意して日常の稽古を工夫していけば、気剣体一致の剣道を体現することが徐々に可能になってくるはずです。とくに「剣」と「体」のポイントは、左手が決まって左足の筋肉に正しい癖をつけるように訓練するということです。刀耕先生によれば、それは意識してやっても三年くらいはかかるということですから、よく正しい精進を持続し、正しい癖が身に付くことを楽しみにしたいものです。

註一一八、第二十五講「呼吸力(上)」（一一八頁）を参照。

註一一九、左手の持ち方に関する参考文献は種々あるが、堀籠敬藏範士著『剣の清流』㈶日本武道館刊、平成十六年、一八六頁）には次のように記されている。

「左手は、小指を柄頭一杯にかけて握り、小指・薬指は軽く締め、中指は締めず緩めず、人差し指は軽く添え、特に左手の握り位置は臍《へそ》の真下ではなく、僅かに左に置き、左拇指《ぼし》の第一関節が身体の中心（臍の約一握り前）になるようにすること。

左右両手の拇指が下を向くよう柔らかく握り、両肘は張らず締めず、…〈中略〉…

また、左右の手の拇指と人差し指の中間を柄《つか》の縫い目の線と、竹刀の弦の線と同一線上におくこと。

剣先の高さは、自己の咽喉部の高さとするが、相対動作の時には剣先の高さは、相手の咽喉部、その延長は相手の左眼につけるようにすることが大切である。」

註一二〇、ここでいう「警視庁の基本」（昭和十年）とは『警視庁剣道教本』（警視庁警務部教養課、昭和四十六年新訂版）のことであり、「**これは中山博道先生が中心になって、あとは斎村五郎、持田盛二、大島治喜太と、この三人の先生が第一、第二、第三基本を受け持ち、それぞれ師範、教師の若手五、六人とともに三年かかってつくった**」（『小川忠太郎範士剣道講話㈠』二二五頁）という重要な文献資料のことである。

註一二一、『小川忠太郎先生剣道話　第一巻』人間禅教団附属宏道会、昭和六十一年刊、一四四頁より。

第五十二講　剣禅一如

今後、持田先生に願う時の心構えは、形を修行する心で願え。名人の稽古は形と地稽古との一致也。禅も悟りと日常との一致工夫

『百回稽古』「第十七回目」六九頁

刀耕先生は、剣の修行から人間形成の道を歩みはじめましたが、やがて禅にも志し、最後には剣禅一致の境地に達せられたことが『百回稽古』に記されています。

さて、あることを成し遂げるときに味わう大きな苦しみのことを「四苦八苦」といいますが、この言葉は仏教の用語に由来し、とくに「四苦」とは生《しょう》・老《ろう》・病《びょう》・死《し》の苦しみ[註一二二]のことをいいます。剣の理法の修錬によって高い人間形成を標榜《ひょうぼう》する現代剣道においても、このうちの生・死の問題が大きな課題として含まれています。

本連講では、刀耕先生の得難い洞察をしばしば参照することによって、この重要な課題に接近する方法を明らかにしてきました。剣道の修行に志す一人ひとりが剣道を習い修めることの意義をあらためて認識し、進むべき正しい方向を忘れないようにしたいものであり、その意味で、刀耕先生の次の講話をよく味わっていただきたいと思います。

何故に、刀を差さない現代に「剣」という字を用いるかというと、この「剣」の中には、剣道の特色である、一番大切なものが入っているからである。真剣であるからやり直しがきかないという気持が入っている。たとえ、それが小手であっても、斬られたら、もうおしまいである。単なる練習ではないのだという厳粛な気持が入っているのである。

我々が仕事をする上に於ても、その精神でやれば、全力が出せる。

又、この「剣」のなかには、同じことは二度ない、どう来るか分からないものに対して、いつも新たな気持で対応しなくてはいけない、という気持が入っている。本当に、自分が素裸でないと、そういうものに対せられないという気持が入っているのである。（傍線著者）

繰り返していうが、「剣」のなかには、そういう精神が入っているので、刀を差さない時代になっても、そういう精神を残してゆこうという意味で、「剣」の一字が入れられたのである。…

〈中略〉…

この点が、単なるスポーツ剣道とは次元が違うところである。

『剣と禅　小川忠太郎述』「剣道の理念について」三二一―三二二頁

引用文において傍線を付した「四つの気持」は、どれも生・死の問題に関係するものばかりです。剣道もそして仏道である禅も、私たち一人ひとりが、人間としてこの世に生まれたときから、生涯背負って歩んでいかなければならない生・死の問題を共有し、精進に精進を重ねてこの解決を図ろうとするところが大変よく似ています。また、剣禅一如といわれますが、剣道と禅が、それぞれの修行によって到達する高い境地は、互いに交わるものであるとされています。
さて、剣・禅に共通する「精進」ということばに少し注目してみたいと思います。精進とは、一般に、「稽古に心を打ちこんで努力すること」のように理解されていますが、澤木興道禅師[註一二三]が説かれる次の説明に、新鮮な刺激を覚えるかたが多いのではないでしょうか。

精進とは進んで退《ひ》かず、善に進み悪を止《とど》めるという勇敢なことです。一直線に勇敢に修行することです。

『禅談』一八頁

剣と禅の精神《こころ》は、頂点においてのみならず、どうやら、そこに至る修行の過程においても、決して異なるものではない、ということが強く暗示されているように思えます。
実際、剣道においても「退（引）くな」ということがよくいわれます。たとえば、発心・決心・相続心の相続心が崩れそうになったときが、これに相当するでしょう。また稽古の場面においては、古来、「三つの許さぬところ」という教えがありますが、その機会のひとつである「引くところ」が、これにあたります。もうひとつ、稽古の姿勢に関連する興味深い逸話を、刀耕先生の講話から引用してみます。

剣道で高野茂義先生[註一二四]がおる。この先生はいい先生だったな。子供のとき七つか八つの時、川っぷちでね、ひき蛙と蜂が喧嘩しているのを見てね。蜂は「ブンブン」やってな。その時ひき

蛙は、こうやってね、一歩も引かないんだってよ。来ると蜂を飲んじゃうんだって。それを見て感じたっていうんだ。引いたら駄目だという事を教わったっていうんだね。それで、剣道で絶対に引かない。七つか八つくらいでも悟れるんだな。そういうものを見て。教わらなくとも、自然界にしょっちゅうあるんだよ。「ここだな」と思ってな。

『小川忠太郎先生剣道話　第一巻』六〇―六一頁

本講では、剣禅一如という観点から人間形成の剣道について一考してみました。どちらの道をたどるにせよ、心の工夫こそ肝要です。

冒頭に引用した刀耕先生の言葉にもありますが、理法に則った正しい形を地稽古と一致するようにするということは、すなわち理事一致の修行を志すということに他なりません。そのためにはどんなことがあっても退かないぞという不退転の心と、悪いことはしないで正しいことだけをすることに勤めるという諸悪莫作《しょあくまくさ》・衆善奉行《しゅぜんぶぎょう》の精神、そしてそのためにはまず何よりも心を浄化するという自浄其意《じじょうごい》[註一二五]に勤めるこころがなければなりません。もし剣道に澤木老師が説かれるところの精進の仕方を適用することにすれば、人間形成の修行の面においても、また稽古の面においても、向上という深い味わいが必ず行く先に待ち受けているでありましょう。

註一二二、「四苦八苦というのは、生・老・病・死の四苦に、愛別離苦《あいべつりく》（愛する人や愛するものごとにも必ず別れなければならぬ時がある、その苦しみ）・怨憎会苦《おんぞうえく》（いやな人やものごとにも会わねばならぬことがある、その苦）・求不得苦《ぐふとくく》（欲求するものが思うように得られぬことが多い、その苦しみ）・五蘊盛苦《ごうんじょうく》（心身を形成する五つの要素から盛んに起こる苦しみ）の四苦を加えて八苦という。」山下民城著『くらしの中の仏教語』（冬樹社刊、昭和五十三年）による。

註一二三、「第四十九講」参照。また、刀耕先生は、国士舘の剣道教師であった時代における老師との関係を次のように記している。「**昭和十年から曹洞宗の沢木興道老師を招き、法話を聞いて坐禅のやり方を教わった。これは他所の学校の者まで来るほどの盛況で、大成功であった。**」『小川忠太郎範士剣道講話(二)』（一三七頁）。

註一二四、高野茂義範士。一八七七（明治十年）～一九五六（昭和三十一年）。旧姓は千種氏。高野佐三郎範士の養子。『剣道一路』（島津書房刊、平成元年）の著者。昭和四年の天覧試合における決勝戦で持田盛二範士と対戦。「いずれにしても斯界を代表する両範士のこの一戦。剣道史に残る見事な試合であった。」『近世剣豪伝』小沢丘著（体育とスポーツ出版社刊、平成元年、二六三頁）による。

註一二五、「七仏通戒の偈《しちぶつつうかいのげ》」の名で知られる「（諸悪莫作（諸《もろもろ》の悪《あく》を作《な》すこと莫《なか》れ）、衆善奉行（衆《もろもろ》の善《ぜん》を奉行《ぶぎょう》せよ）、自浄其意（自《みずか》ら其《そ》の意《こころ》を浄《きよ》くする）、是諸仏教（是《こ》れ諸仏《しょぶつ》の教《おし》えなり）」という禅の言葉から。

中国の唐代、杭州という所に寺を持たずに鳥のように枝上に坐禅をしていた禅僧がいたそうで、その地へ長官としてやってきた白楽天……詩人白居易《はくきょい》としても有名……との間に次のような問答があったのだそうです。

「如何なるか是れ仏法の大意」（仏法のギリギリのところは、どういうものですか）

「諸悪莫作、衆善奉行」

「そんなことぐらいなら、三歳の童子でも知っておりますよ」

「ただ言うだけなら三歳の童子でもできるじゃろうが、いざ実行となると、世の中のあらゆる経験をつみ、あらゆる学識を窮めつくした八十の老翁でも、むつかしいことだよ」……『茶席の禅語(上)』（西部文浄著、橘出版刊、平成六年、三―四頁）による。

第五十三講 執着心

憎い、可愛い、惜しい、欲しいの一念に執着すれば煩悩となる。剣道で言えばカーッと上がってきた気持、打ちたい、勝ちたい、負けるものかという気持は、すべてこの煩悩である。

『小川忠太郎範士剣道講話㈡不動智神妙録』一一〇頁

剣道で肝要なことは、心法・体法・刀法という三つの側面からなる理法の修錬を通して、剣道をする者が自分自身の人間性を養っていくことです。とりわけその核心となる心法の工夫においては、執着心を取り除き心を浄化していく修行をすることが大変重要です。

執着心とは、禅仏教の観点からいえば、悟りの妨げになるほどに、人の心がある対象に強くとらわれることをいいます。これは、私たち人間の心の中には次々と湧いてくる欲望があり、それが自由であるはずの心に取りついて、心を虜《とりこ》にしてしまうばかりか身体の働きまでも不自由にしてしまうからです。仏教ではこれを煩悩《ぼんのう》といい、「煩悩《ぼんのう》は無尽《むじん》なれども誓願して断《だん》ぜん」[註一一六]と、たとえば、大晦日の夜になるとこの国の津々浦々の仏教寺では除夜の鐘を百八回も撞《つ》くことによって、凡夫の心に棲《す》むたくさんの煩悩を清め去ろうとしてくれます。

さて、剣道における執着心とは具体的にどのようなものかといえば、冒頭の引用から明らかなように、「相手を打ちたい」、「相手に勝ちたい」、「相手に負けるものか」、もっといえば「人より先に昇段審査に合格したい」など、「おれが（わたしが）、おれが（わたしが）」という自己最優先の気持ちがこれに当たります。もしこうした煩悩にとらわれてしまうと、無縄自縛の状態に陥り心が自由な働きをすることができなくなってしまいます。そこで、こうした執着心から自己の心を解き放してやることが大事な「道」の修行になるのです。

刀耕先生によると、剣道を「道」という面から説いている伝書には優れているものが二つあり、「第四十六講」で言及した『猫の妙術』と、もう一つは『不動智神妙録』であるということです。後者の『不動智神妙録』は、沢庵和尚が柳生但馬守に与えた剣禅一味の書として有名で、人間には二種類の心があると説かれています。その一つは「無明《む みょう》住地《じゅう ち》煩悩」と呼ばれる「迷い」の心です。つまり、「憎い」、「可愛い」、「惜しい」、「欲しい」という我執にとらわれた心です。他の一つは「諸仏不動智」と呼ばれ、何ものにもとらわれない「悟り」の心です。そして、重要な点は、「迷い」と「悟り」は別々なものではなく、二にして一の、実は不二であるということです。

これを水と氷に例えれば、煩悩というものは、水が凍って氷になったようなものである。剣道で言えば、コチコチに固くなっていることである。ところが、その氷を溶かすと水になる。このように、水と氷は本来、別物でないにも拘らず、水は融通無碍《ゆうずう む げ》であるのに、凍ってしまうと氷になって動けなくなる。これも、再び、サーッと溶かしてしまうと、自由自在に動く。

『同上』一〇頁

要するに、心法の修行において重要な点は、私たち凡夫の内面に生じる執着心を邪心と名付けることにすれば、それをいかにして正念に転化するかという問題を大いに工夫することであるのです。執着心とは、まことにやっかいな代物で、いろいろなところに顔を出してきますが、刀耕先生は、次のような卑近な例を示して、解決策を説かれております。

人間にとって、名誉・利益は大切なものであるが、名利に執着して凝《こ》ってしまうと、動きがとれなくなって、苦しくなってしまう。執着しなければ名利は邪魔にならないのであるから、邪魔にならない名利は大きい方がよい。その方が、より多く社会のために役に立つことができる。よく剣道の段などはいらないという人があるが、そうではない。またその反対に、段が欲しくてしようのない人もいる。何が何でも上がりたいという人もいるが、私はそのどちらもいけないと思う。何事にもこだわってはいけないのであって、スラーッとして執着しないという修行が必要なわけである。

『同上』一一頁

不要な煩悩に悩まされないようにするために、ものにこだわらないようにするということが、どれほど重要な心法の稽古であるのかということは、これ以上述べる必要はないでしょう。しかし、この工夫を怠ると、知らぬ間に、刀法や体法の面においても悪影響が出てくるという実例を一つみておきます。

> 地稽古の場合に、みんな右手が堅くなる。右手は卵を握ったように。相手に対して負けまいという気があると右手が堅くなる。負けまいと思うと相手と対立になっちゃう。そうなってからやる稽古は、稽古じゃない。相手と対立しているのは無駄な稽古だ。これを直すにはどうすればいいかと言うと、負けまいという気持を下に降ろしてしまえばいい。胸から腹、足腰の方へ降ろしちゃえばいい。これが修行の根本なんだ。負けまいという気持ちが胸から上へ来ちゃって、それが肩へ来る。それを降ろすのが修行なんだ。これをしっかりやらなくちゃいけない。
>
> 『小川忠太郎先生剣道話　第一巻』一九頁

相手に執着しなければ、「負けまい」という煩悩心も生じないのでしょうが、それがあるからこそ、対立心が生まれてきます。心の平穏をめざす剣の道を歩む者にとって、ここはどうしても一工夫も、二工夫もして解決しなければならない正念場《ところ》であるとしてよいのではないでしょうか。

次の古歌を、よくよく味わって稽古の糧としたいものです。

稽古とは　他に求むる道もなし
心の塵を　払うばかりぞ

註一二六、仏道を修行する者であれば誰でも必ず持っていなければならないとされる願を「四弘誓願《しぐせいがん》」といい、その第二番目が「煩悩無尽誓願断」……自利……です。参考までに他の三つを示すと、第一は「衆生無辺《しゅじょうむへん》誓願度《ど》」（衆生は無辺なれども誓願して度せん）……利他。第三は「法門無量《ほうもんむりょう》誓願学《がく》」（法門は無量なれども誓願して学せん）。そして第四が「仏道無上《ぶつどうむじょう》誓願成《じょう》」（仏道は無上なれども誓願して成ぜん）である。これについて澤木興道禅師……『禅談』改訂新版（大法輪閣刊、五四—五六頁）……は次のように説かれています。

「我々人間は生涯限りない衆生を度し、限りない煩悩を断ち、限りない法門の上において、仏道を完成して行こうという誓願です。我々はこの誓願のために飯を食うのです。この誓願を成就するために薬を飲んで養生するのです。この道を成就するために着物を着て風邪を引かぬようにするのです。この誓願に役立たぬものはやめたらよい。」

第五十四講　木鶏

剣道修行も木鶏《もっけい》の境涯に到達できたら、
ここを自利上の悟《ご》了《りょう》同《どう》未《み》悟《ご》と言い、
自分一個の人間は
剣道で形成されたと言っても過言ではない。

『小川忠太郎範士剣道講話㈡不動智神妙録』三七頁

刀耕先生が説かれるところによれば、修行によって私たちがまず到達をめざすべきところは、「木鶏の境涯」であるということです。これは、剣道の理念にみえる「人間形成」という重要な概念《コンセプト》に包摂されている模範的な人格形成の一境地であり、人間個人としての形成の一番高いところであるとされているものです。

また「木鶏」とは中国の古典『荘子』が出典であり、本連講において紹介したことのある『猫の妙術』の原典であるともいわれます。以下、刀耕先生の解説付きでこの話をたどってみることにします。

王様が紀渻子《きしょうし》という闘鶏飼に、強い闘鶏を作れと命じた。十日ほど経って「もういいだろう」と王がたずねると、「未《いま》だし、方に虚憍《きょぎょう》にして気をたのむ」。相手もいないのに、一人で力んで頑張っている。始めはそうである。が、これでは駄目である。

それからまた十日経ち、「もういいだろう」と聞くと、「未だし、猶《なお》、響影に応ず」。一人では力んでいないけれども、相手がくると、いきり立つ。これでは外物に支配されているから、まだ使えない。

それからまた十日経ち、「今度はもういいだろう」。ところが「未だし、猶、疾視《しっし》して気を盛んにす」。これは相当なものである。疾視するとは直視することで、外へ散っていた心が内に収まったところである。これで気分が一杯。気を盛んにす——

…〈中略〉…

またそれから十日経ち、「もういいだろう」と王がたずねると、「今度は大丈夫。これを望むに木鶏に似たり」。まるで木で作った闘鶏みたいで「その徳、全《まった》し」。これで個人形成が出来た。木で作った闘鶏。眼も無ければ耳も無く、何も無い。剣道なら、刀を忘れた無刀の境涯である。

『同上』三五―三六頁

話は訓練の様子を十日ごとに区切って展開していきます。たとえば、第三期の調練がすんだ後は「気を盛んにして相手を直視する」という状態ですから、これを剣道にあてはめると、相当なところまで達しているように思われます。しかし、刀耕先生は次のように解説されています。

この程度は良いけれども、剣道で言えば、狙って打つというところ。狙って打って百発百中、ここまで行く人はない。しかし、百戦百勝善の善なるものに非ず。ある禅僧に剣士が書を頼むと、即座に「百発百中、賞するに足らず。胴の坐りこそ賞すなり」と書いてくれた。ここが大事なところである。
これで思い出すのが持田先生。先生が某八段範士を大変可愛がって指導しておられたが、どうしても剣道の大事なところが分からない。「君の稽古は、技はもういいんだ。剣道はここだよ」と胸から腹へ両手を当てて言われる。ところが、これが分からない。これで分かるくらいなら、誰でもすぐ名人になる。

『同上』三六頁

この「木鶏」については、往年の名力士双葉山関[註一二七]が、昭和の碩学《せきがく》安岡正篤氏[註一二八]から聞いて肝に銘じ、六十九連勝という大変な記録を達成したという有名な実話が残っています。当時の双葉山はまだ二十歳代であり、いまだ木鶏には至りませんでしたが、彼の求道精神は、相撲界のみならず剣道界の若き修行者にとっても、よい模範となるのではないでしょうか。
刀耕先生が説かれるところによれば、「木鶏」の境地とは、事理一致の妙所であり、理の修行に身を捨ててかかって三年、そしてさらに事の修行に黙々十年という具合に、修行に修行を積んでいくとようやく到達することができる高い境地であるとされています。しかしそこまでいっても、まだ個人としての人間形成が熟したところにすぎないというのです。

しかしながら社会は自分だけではない。他がある。真の人間形成とは、人間社会の形成という所まで発展せねば止まる所を知らない。

『同上』三七頁

自利という人間個人の形成の次は、利他という社会と交わる人間社会形成の修行が続いていくというのです。このように、剣道の理想は高く、また遙かなものであり、道はどこまでも無限に続いていきます。

しかしながら、自分で十分に納得がいくまでは、まだ足りない、まだ足りないと、さらに修錬を重ねることを誓い、年が改まっての稽古においても、日々新たなりと、正念を相続する努力を怠らないように精進していきたいものです。

註一二七、双葉《ふたば》山定次《やまさだじ》。横綱。大分県出身。一九一二（明治四十五年）～一九六八（昭和四十三年）。昭和十一年一月場所以降、昭和十四年一月場所で安藝ノ海に敗れるまで連勝記録を更新した。なお、当時は一場所が十一日であった。

註一二八、安岡正篤《まさひろ》。一八九八（明治三十一年）～一九八三（昭和五十八年）。本稿の話題と関連する部分を安岡正篤著「木鶏と木猫と包丁」……『活學　安岡正篤先生講演録　第二編』関西師友協会刊、昭和四十七年、一九四―一九五頁……から引用して史実を確かめる参考としたい。

「丁度今度の大戦の始まる前々年の暮れのこと、私は東京の大相撲に思いを遺して、船でヨーロッパの旅に上ったのであります。丁度双葉山が連戦連勝中で、満都の人気を沸騰させておる時でありました。或る日船室のボーイが飛び込んで来て、さも興味深そうに『先生双葉山から電報が参りました。然し電文がよくわかりませんので、打ち返して問い合わせようかと申しておりますが、兎に角一度ご覧下さい』と言う。私も大分以前から…〈中略〉…双葉山関とは親しくしておりました。早速手にとって見ると、『イマダモクケイニオヨバズ』とある。成る程これは他人にはわかるまい。と同時にとうとう負けたなと思いました。

この話は双葉山関自から『相撲求道録』という本に書いておりますが、ある時何気なく彼に木鶏の話をしたことがありました。その時彼は黙々として聞いておりましたが、早速それを自分の日常生活、及び土俵の上に工夫しておったのであります。後に本人から直接このことを聞いて感心したのですが、それで負けると直ぐこういう電報を打って来たわけであります。」

第五十五講　剣と道と

剣を通して道を修行するということは、試合に勝つことでも段を貰うことでもない。剣を通して人間形成をする。これが剣道の目的である。

『剣と禅　小川忠太郎述』六七―六八頁

剣道は、習い始めて最初の十年くらいは術技の修錬に明け暮れるということがよくあると思います。十年一節といいますが、その後も社会人として寸暇を見つけて、さらに稽古を続けていくということは、技の腕前もますます上がっていくことであるし、大変素晴らしいことであると思います。しかし、若い時代には剣道をするのはただ剣道が好きであるからということだけで十分な理由になりますが、成人を迎え、やがて壮年、老年となり、剣道歴もそれにつれて増していくにもかかわらず、いつまでも内容代表語《カバーターム》としての「剣道」で済ませ、その言葉の本当の意味を曖昧《あいまい》であるままにしておくとしたなら、人生の過ごし方が少しもったいないように思われます。時にはもう一歩奥へ進み、剣道が日常生活とつながっているところにまで理解を深め、その工夫を稽古で修錬するようにしてみてはいかがでしょうか。

私のいう剣道は、まず剣という最初の一字について、この剣を除いては剣道はない。この剣ということは、現代の四つ割りの竹刀、これは竹だが、これを刀・日本刀という観念で使うこと。これが私のいう剣であります。

『同上』六六頁

剣道についての考え方はいろいろあるでしょうが、右の言葉は剣道指導理念委員会[註一二九]の委員でもあった刀耕先生が、現代剣道の最も望ましい在り方を説いているところです。竹刀と日本刀（と木刀）は、もちろん、形態上も構造上もまったく異なりますが、これを日本刀であるという観念で用いるということは、つまり、まるで真剣を操作するように、そういう心持ちで竹刀を用いて稽古をすることが肝要であるということです。これは、多分に精神論的な原則ではないかとみる向きがあるかもしれませんが、経験的な角度から裏付けを得ることができるように思われます。

具体的な例を挙げると、有効打突が成立するための必須条件を規定する『剣道試合・審判規則』（全日本剣道連盟）の一部に「刃筋正しく」とありますが、この用語に「剣」の精神的な側面のみならず物理的な側面の特徴もよく反映されています。また、一般的に「打つ」といいますが、これは「（刀）剣で切る（斬る）」という意味が前提とされる言葉であり、これは経験的な側面から「剣」という観念を反映するものです。

これに対して、同じ「打つ」でもそれを「当てる」とか「叩《たた》く」という意味に解釈することもできるかもしれません。使う竹刀は、四つ割りの竹ですから、結論は「当てっこ」でもよいではないかとする向きもあるかもしれません。しかし、このような考え方をあまりに強調しすぎると、剣道が本来有する武道的な特性が希薄になってしまうように思われます。

竹ならばそういうことになる。スポーツでよい。然し持った竹刀を日本刀という観念で使うことになれば、之は命のやり取り、息の根の止めあいであり、生死の問題であり、修行目標としては、生死を明らめることになる。この心が人生の土台であり、刀を差さない現代でも役に立つのである。

『同上』六六頁

まさにこの意味で、「剣」を離れて剣道はないということになります。刀耕先生は、また人間形成の視点から、「道」を離れて剣道はない、とも説かれていらっしゃいます。

剣道は剣の道である。道を離れた剣即ちスポーツ、剣術の域では浅いものになる。吾々の先祖が真剣勝負を経て、今から三〇〇年も前に、剣術を道というところ迄昇華させて、深いものにした。…〈中略〉…この道が日本に現われれば古神道となり、中国では儒教・老荘となり、印度では仏教となる。道は古今東西一貫底である。吾々は剣道を通して、この人間の道を修行するのである。

『同上』六七頁

ここにいう人間の道とは、私たちができるだけ人間らしく身も心も振る舞うことができるようになるために歩む道という意味で人間形成の道であるということができます。生死を明らめるためには、さらに道人となるための道でもあるということができるでしょう。

武道における人間形成ということは前講で触れたばかりのところですが、古《いにしえ》の大先達はこれを自然からも学んでおりました。禅の言葉に

一枝梅花和雪香

というもの[註一三〇]があります。梅は厳冬の寒さに堪《た》えて、早春に馥郁《ふくいく》たる香りを発します。今でも新春を迎えると寒稽古がよくおこなわれますが、その目的の中には、少しでも自然の教えに習いたいという謙虚な求道の精神が潜んでいるはずです。

刀耕先生が説かれるところの二十一世紀の剣道の理念《コンセプト》とは、試合に勝つことでもなく、また段位を取得することでもありません。剣の理法の修錬を通して人間性豊かなしっかりした人間[註一三一]になっていくとともに、周囲の家庭をはじめとして社会にもまた貢献することができ、また人からも信頼される人格者になっていくための努力を生涯にわたって続けていくということ、これこそ剣道の本当の目的であるということです。その証左となる剣道史の重要な一事実として、持田盛二範士の十段授与式[註一三二]の模様を記されています。

世間で問題にしている段位などは、先生の念頭にはない。先生の十段授与式の時、式場は妙義道場で、全剣連の渡辺敏雄さんが事務局長で、先生の前へ証書を持って行き、先生が受けられた

時に、合図をしてお祝の拍手をしようと、望月正房さんが段取りをしておいた。ところが、渡辺敏雄さんが証書を持って行ったら先生は…〈中略〉…〝わしは、こんなものはいらない。実力がなくて、こういうものがどうして受けられるか。わしには、こういうものを戴く資格がない〟と言われた。そして列席の人々に〝皆さんは若い。私は日暮れて道遠しだ。剣道は深いんだからしっかりやって下さい〟と言われた。これが十段を受けられなかった時の先生の挨拶であった。先生は十段位を辞退されて、後輩に剣道修行の目的は段位ではない。人間形成である。人間形成の真髄は、念々正念相続にありという秘訣を、教えられたのである。

『同上』七二頁

註一二九、註一二七（六九頁）を参照のこと。

註一三〇、「一枝《いっし》の梅花、雪に和《わ》して香《かんば》し」と読む。

註一三一、人間性の涵養ということを人間形成の中心におくことには普遍的な意味があると思います。それは武道においてのみならず、人間社会のあらゆる方面においてもあてはまることであり、また時間軸の上でみてもその重要性は昔も今も少しも変わらないものであるといってよいでしょう。刀耕先生は、後に十段となった斎村五郎範士や持田盛二範士がまだ青年であった時代に武術教員養成所において大いに影響を与えたという貴重な逸話を記されていますから、以下に参照のために引用します。

「…京都に楠正位という先生がいた。楠先生は裁判官だったが、武徳会で漢文を教えていた。楠先生が『道のために来たれ』と東京にいた内藤高治先生を電報で武徳会に呼んで主席師範にした話は有名である。

斎村先生や持田先生は十八、九の若い頃、楠先生から天爵、人爵等の人間形成の大事な教えを受けた。

人間には天爵と人爵がある。人爵というのは名誉とか金。剣道をやってもこういう人爵は得られない。だから金や名誉の欲しい人は剣道をやめて故郷へ帰れ。だが剣道には天爵があると。

天爵、人爵というのは孟子の言葉で、天爵というのは、中心は天人一致の誠。『誠は天の道なり』で、もって生まれた真心を剣道で育てていく。人爵というのは人為的なもの。

だから人爵というのは、金でも名誉でも人にとられる。天爵は人にはとられない。人間と生まれた以上、こういうもの、人にとられないものを持たなければ生き甲斐がない。

こういう話が若い純真な講習生たちの身にしみ腹に入った。教室における楠先生の人間形成の理と、剣道場における内藤高治先生の打ち込み三昧の修錬によって、武術教員養成所の一、二回生からは、斎村先生や持田先生などの立派な剣道家が育っている。

現代の青少年でも剣道に何を求めているかというと人間形成である。それは人間だから、人間になりたいというのは当り前。それが本心である。だから今でも、指導者さえよければ、青少年を人間形成の道に導くことができるのである。」……『小川忠太郎範士剣道講話㈢剣と道』（二一一―二一二頁）

註一三二、昭和三十二（一九五七）年五月、持田盛二範士六十二歳のときのこと。

第五十六講　道の行

剣道は剣道の稽古という行から道に進む。禅は坐禅という行から道に進むのである。この行を行なう上において肝心なのは三昧である。これが修行の基本となる。

『小川忠太郎範士剣道講話(一)』二五八頁

剣道の理想は高く、剣の技術の修錬をすると共に道の教えの修行をもし、この道を先へ向かって歩むことによって私たちがより人間らしくなっていこうとし、またそうなっていくところに大きな意義があります。これは全剣連が規定する称号審査の付与基準に「範士は、剣理に通暁《つうぎょう》、成熟し、識見卓越、かつ、人格徳操高潔なる者」とあることからもまた明らかです。

人間形成の「道」に入ってこの道を修めていくためには、たとえば禅の場合と同様に、行《ぎょう》によらなければなりません。行とは、剣道では稽古のことをいいますが、刀耕先生の説かれるところによれば、これには重要な条件が一つ課されています。すなわち、最善の稽古をするためには、「三昧」が根本条件として満たされていなければならないということです。

この三昧力を生むためには、修行者自身がまず真剣になるように努めなければなりません。その意味で、稽古において持った竹刀を真剣の観念で用いることが大切であると強調されることがしばしばあるのです。本講では稽古の基本ということに焦点をあて、三昧力を発揮するということについて少し理解を深めてみることにします。

まず稽古をするときの本体について、刀耕先生は次のような興味深い観察をされている点に注目しておきたいと思います。

> **本体という事。左手を「こう」持つ。これが本体。これがバラバラになっちゃ駄目。自然体が大事。「体《たい》」。それに、右手を軽くこう添える。これで、三角矩《さんかくく》がきまる。剣先と目と腹。普通ですと、構えから始めるけれど、構えの元に「本体」がある。本体から構えが出来る。構えから技が出る。本体を教えているのが、直心影流[註一三三]の努力呼吸。努力呼吸で本体を練る。…〈中略〉…雲弘流[註一三四]では、これに「一杯」という名前を付けている。**
>
> 『小川忠太郎先生剣道話　第一巻』六七頁

面技や小手技は構えから発するものであるとみなしている人が意外に多いのではないでしょうか。ところが刀耕先生が洞察されるところによれば、その捉《とら》え方では不十分であり、むしろもう一段分析を深めて構えの基になっている本体にこそ着眼すべきであるということになります。これを十全に養ってこそ中段の構えの基本であるといわれる三角矩[註一三五]の構えを身につけることができるというのです。そして、この本体を練る秘訣《ひけつ》とは、たとえば直心影流でいえば「努力呼吸」であり、また雲弘流では「一杯」であるとされますが、古流の流祖が命懸けの修行によって自得した智恵《ちえ》によって練るのが一番であるということです。

「本体」つまり「一杯」という所を修行しなくては。頭のてっぺんから、足の先まで「ズーッ」と気合が充実する。気合が切れれば、そこを打たれる。充実しようとして「硬直」すると打たれる。充実と硬直は違う。「硬直」は「一杯」じゃないんだ。そうかと言って、気合が抜けておってもいけない。そこは説明出来ないから修行して自得するよりない。

『同上』六七頁

本体を養成するための要点は、頭のてっぺんから、足の爪先《つまさき》まで「ズーッ」と気合が入り、しかもこの充実した気分が途絶えないようになること、すなわち「一杯」の修錬に精進することが大切であるということです。そのためには、息をアーッと大きく吸い込み、これを下腹部の臍下《せいか》丹田《たんでん》に蓄え、気分を全身にくまなく充実させる修錬を「努力呼吸」と呼ばれる呼吸法の工夫によっておこなうことが望ましいと説かれています。気合いが充実していないのは、もちろん不十分ですが、息を大きく吸って身体がパンパンに張ってしまい、身動きが不自由になるのもまた不十分です。本体に過不足なく気分が充実している状態と硬直化しているのとは異なるものであるという刀耕先生の指摘は、稽古において大いに工夫をしてみる価値があるところです。

そこで大事なのは「一杯」という事。言葉をかえれば「三昧」という事。つまり、「成り切る」事だ。そういう修行をすると、あんまり稽古をしなくても、そこへ行く。三昧の稽古さえすれば、剣道は進む。剣道では「三昧」という言葉は使わない。「一杯」という言葉を使う。一杯と言っても三昧と言っても同じです。その内容を平素修行する。それで、その「一杯」ということが「大事だな」と自覚すれば、しめたもの。そこをしっかり修行しなくてはね。（傍線著者）

『同上』六八頁

要するに、剣道において上達していくためには、「剣」の側面からいえば技の工夫をすることにほかなりません。しかしながら、そのためには剣先と目と腹がぴたっと決まった剣法三角矩の構えをしっかり身につけなければなりません。またそのためには、この構えの基である自分自身の本体を十分に練り上げていく必要があります。したがってその目的に向かって修行をするときには「努力呼吸」による「一杯」というところが重要なポイントになりますが、その境地をめざして切り返しや打ち込み稽古などによって精進することが「道」の行であり、これが肝心なところです。このような修錬をすることによって稽古力の基本となる三昧力の養成をはかることができますが、それによってはじめて剣道における「道」の修行に入ることができるのであると、刀耕先生は説いていらっしゃいます。

当てっこじゃない。当たるか当たらないかは、結果なんだ。当てっこなら、ごまかしても打てる。道具を着けていれば命に別状ない。そんな事は意味はない。「本体」を「ズーッ」と養う。これが剣道の修行。

『同上』六八頁

註一三三、直心影流は古流の一つであり、男《お》谷《たに》下総守《しもふさのかみ》信友《のぶとも》（一七九八～一八六四）、島田虎之助（一八一四～一八五二）、榊原鍵吉（一八三〇～一八九四）などの名剣士で有名。……杉田幸三著『精選日本剣客事典』光文社（昭和六十三年）による。

註一三四、雲弘《うんこう》流は古流の一つであり、仙台伊達家に仕えた井鳥《いとり》巨雲《きょうん》為信《ためのぶ》（一六五〇～一七二一）の創始。「弘流を経、無住心剣を緯としたのが雲弘流である」……『同上』による。

註一三五、三角矩とは、山岡鉄舟（一八三六～一八八八）の無刀流における剣法三角矩のことで、目と腹と剣先の一致を重んじるもの。

第五十七講　足の指先

剣道は先ず気分が充実せねばだめ。浮いてはだめ。それには足の指先に気を入れる事。之で体全体に気が入り妄動しなくなる。

『百回稽古』二八頁

冒頭に引用した至言は、刀耕先生が警視庁剣道師範としてあった五十三歳のとき、持田盛二範士との第四回目の稽古を終わった後の省察によるものです。

剣道は気分が充実していなければいけないということは誰しもが耳にする大事な教えです。が、いざそのつもりで稽古に臨んでみても、とくに上位者の相手と竹刀を交えた場合には、足が浮いて床に着いていないようでない調子の稽古になってしまうことがよくあるものです。刀耕先生の洞察によれば、そのようなときには足に気分が入っていないからであり、そうならないためには足の指先にまでも気を入れてかかることが肝要であるというのです。

一人で稽古をする場合には決して生じないのですが、相手があると浮いてしまうという現象について、刀耕先生は次のように分析されています。

相手があるとそれを意識して呼吸が上がる。呼吸が上がると足も浮いてくる。だから相手があ

って も、呼吸さえ上がらなければちゃんとした構えになる。

結局、「浮く」・「浮かされる」という現象は、相手を打とうと思う心理が原因となって息が上がってくるのであり、それだからこそ足が浮いてくるということになります。もっと言えば、相手に負けるものかと力み過ぎて思うからこそ右足が前に出てきて左右の足の前後の開き幅が大きくなり過ぎたり、またこれに伴って後足（左足）の踵が必要以上に上がってしまうことになるというのです。この心身症的な因果関係をよく理解して、稽古では息、すなわち呼吸が上がらない工夫をする必要があります。これについて刀耕先生は次のように説かれています。

『小川忠太郎範士剣道講話㈠』二二六頁

高野佐三郎先生はその呼吸をうまく説明している。呼吸は三呼吸でやれと。

第一の呼吸が「胸の息」。今の試合はみんな「ヤー、ヤー」とこの胸の息でやっている。胸の息なんかでは、どんなに打ってもだめ。無駄打ちが多い。

その胸の息を気海丹田まで下げると、これが第二の息の「丹田の息」。しかし、ただ息を丹田に下げただけでは技が出ない。ここが難かしい。

第三の息は「真人の息」。この丹田に下げた息が体全体にまわる。そして、ずーっとまわって踵《かかと》に来る。荘子は、一般人の息は咽喉《のど》でしているが、「真人の息は踵《きびす》を以てす」と言っている。咽喉でしている息を踵まで下げる。そして第三の息は、その踵を通して、下からぐーっと上に来る。その上がって来る息で打つ。そうすると無駄打ちがない。

『同上』二二七頁

日常生活においては喉でする程度の浅い呼吸で済ますことができるのかもしれませんが、剣道は静中動あり、また動中静ありと、常に動の状態を伴いますから、急激な動作を起こすときに備えて静のときにも呼吸を深く蓄えておく必要があります。その意味で「胸」、「丹田」、「踵」の三呼吸についてよくよく工夫することは、技の工夫に勝るとも劣らない重要な修行上の課題であるといえます。とりわけ、「胸の呼吸」の段階に留まっていると、技を発しても体が崩れやすいという難点があります。これを矯正するためには呼吸を下げて、左足が浮かないようにする必要があり、刀耕先生はその鍛錬をするための素晴らしい講話をされています。

呼吸を下げる、踵まで下げる。だから左足の膝後ろの膕（ひかがみ）が曲がっている人は駄目だって言うが呼吸がもう崩れている。左足さえ入っていれば、左半身さえ、こう入っていれば、全体が使いこなせる。ここが抜けると、半分になっちゃう。からだ半分で稽古しても駄目だ。全体でズーッ・ズーッと。そこを良く注意して。左足だ。左足のかかとが、内側へ曲がっていては駄目。道を歩く時のように、まっすぐ前に向ける。左足の踵がズッと。そして大事なのは、ここへ止まっちゃってはいけない。ここへ足が居着いちゃってはいけない。こういう風に（左足の踵を真っすぐ）しておりながら出る、下がる。どこへでも動ける足になっていなければ変化に応じられない。それを「一歩も停まらず」という。これは、大変な修行だ。そういう大事なものがある。足を気を付ける。

その「足」が何に乗っているかというと、足を乗せているものが「心」だ。足がこう上がったのはもう、心が浮いてしまったんだ。外へ行ってしまったんだ。足をちゃんと安定させている、足を乗せているものが心、心の上に足がある。だから、現れた足で、「アッ、これはしまった」と思って稽古中に、これを直す。これが修行なんだ。「打った、打たれた」が修行じゃないんだ。これを、「心を鍛える」という。…〈中略〉…これが心の修行だ。剣道の有り難い所は、心が「かたち」に現れる事。かたちが崩れた時は、そういう現れたかたちの上で、すぐ元に返す。そうすると今度は穴が無くなる。「一念一念を相続する」と言うのは、これなんだ。たまに良い面が出て当たる、という程度では駄目なんだ。

『小川忠太郎先生剣道話　第二巻』一二一―一二三頁

急がば回れという諺がありますが、稽古で相手を打とう、打とうとすることばかりに気をつかわないで、「一歩も停まらず」という稽古を工夫するようにしてみてはいかがでしょうか。すると、床に足が乗っているのではなく「心の上に足がある」という境地が見えてくるのではないでしょうか。また、剣道の有り難い所は、心が「かたち」に現れることであるという指摘です。この事実をよく考えてみると、心の現象が原因であるということです。したがって、相手を攻めているときに前後の足の開き幅が大きくなりすぎたという場合には、「かたちが崩れた」と、ただちに認識して、後足を前足に引きつけてすぐに元の正しい足の構えにかえすようにします。「そうすると今度は穴が無くなる」ことになりますから、このような具合に稽古の上で心の修行に精進していけば自己の剣道の向上を図ることができるという素晴らしい啓示を与えていただくことができました。

剣道は「打った、打たれた」ばかり目を向けるのではなく、刀耕先生が説かれる意味での「心を鍛える」修行こそ本格的な剣道の修行のしどころであるということが明らかになったのではないでしょうか。

この秋は雨か嵐かしらねども
今日のつとめに田草とるなり

第五十八講 守破離の入り口

我々の先祖が真剣勝負を経て、今から三百年も前に、剣術を道というところにまで昇華させて、深いものにした。……〈中略〉……我々は剣道を通して、この人間の道を修行するのである。（傍線著者）

『小川忠太郎範士剣道講話㈢剣と道』六―七頁

手元にある国語辞典で「剣道」の意味を調べてみると、「竹刀や木刀を持ってする剣術」のこと、すなわち「剣道」とは「剣術」のことであると説明されています。ところが、言語学者の記述とは距離を置いて剣道の専門分野にある刀耕先生の目からみると事情が異なっていることがわかります。つまり文頭に引用した説明によると、命のやりとりに徹した剣技の工夫というレベルにあるのが「剣術」であり、これに対して、「剣道」は、生死の術技の工夫を軽視するものでは決してないが、それに加えて人間性の涵養ということをも射程に入れた、もう一段上のレベルにあるものが剣道であるということになります。

さて、剣道の修行とは生涯にわたって行ずるものであるということがよくいわれます。この生涯剣道という道程《みちのり》をたどっていくと、自然界に四季の変化が生まれてくるように、修行者にも新たな境地が出現してくるものであるといわれています。しかし、それには正しい修行の方法に則《のっと》って、それから外《はず》れることのないように掟《おきて》を守っていくように心掛けていかなければなりません。その意味で、本連講ですでに触れるところがあった「五戒」や「三摩の位」をはじめ、『木鶏』、『猫の妙術』、『不動智神妙録』などは、刀耕先生が推奨される模範とすべき修行モデルの代表的なものです。注意すべきは、これらはすべて心の修行を中心とするものばかりであるということです。

刀耕先生が説かれるところによれば、こうした正しい修行方法をよく心得ておくと、それが自分の修行の定規になるので、途中で道にはぐれることがないということです。

正しい定規がないと、脇道にそれてはまた本筋に戻り、また脇道へそれるという風に遠廻りをするから、正しい地図によって、真直ぐにずーっと行くことが大事である。

『同上㈡不動智神妙録』一一八頁

さて、本講では「守《しゅ》・破《は》・離《り》」というもう一つの修行モデルについて学んでみたいと思います。歴史的にみると、この言葉は茶道の修行論に端を発するものであるそうですが、剣道においては幕末の剣術家千葉周作[註一三六]が、この用語を用いた最初の人であるとされています。

守破離《しゅはり》と云ふことあり、守はまもると云うて、其《そ》の流の趣意を守ることにて、一刀流なれば下

段星眼、無念流なれば平星眼にてつかひ、其の流派の構へを崩さず、敵を攻め打つを云ふなり。破はやぶると云うて、左様の趣意になずまず、其の處《ところ》を一段破り、修行すべしとのことなり。離ははなる、と云うて、右守破の意味も離れ、無念無想の場にて、一段も二段も立ち上がりたる處にて、此の上のなき處なり、右守破離の字義、よく〳〵味はひ修行肝要なり。

『千葉周作遺稿』千葉栄一郎編、体育とスポーツ出版社刊、平成十七年オンデマンド版、四一頁

現代剣道における説明は『剣道和英辞典』に見つけることができますが、右の原典を根底にしていることがうかがえます。

剣道修行上の段階を示す教え。「守」は指導者の教えに忠実にしたがって学び、それを確実に身につける段階。「破」は「守」の段階で学んだことに工夫を凝らし、さらに技術を高める段階。「離」は「守」、「破」といったことを超越して、技術をさらに深め、独自の新しいものを確立していく段階。

全日本剣道連盟刊、平成十二年、九三頁

さて、刀耕先生は、例によって、「剣道」即「禅道」という観点から「守破離」の修行論を洞察されています。以下ではこのユニークな視点にしたがってみていくことにします。

守破離というのは修行の段階、また悟りの段階と言ってもいいが、悟りなどというものは段階

はいらない、一遍でいい、こうも言える。しかし、そういう悟りの出来る人は千年に一人出るか出ないかである。仏教ではお釈迦さん。お釈迦さんは一遍悟っただけだが、普通は段階を設けて一歩一歩、綿密に修行していくのが無難である。（傍線著者）

『小川忠太郎範士剣道講話㈠』一五八頁

刀耕先生によれば、守破離という段階を踏んで悟りの修行を開始するにあたり、まず第一に「これから修行をはじめるぞ」という志を立てたなら、次に「道を求めるためには不退転の心で臨むぞ」という決心をすることが肝要であるということです。剣禅一如の伝統における経験的な仮説として、この発心・決心がないかぎり、将来実りのある修行の道をたどることは決して容易なことではないとされているからです。

この心意気を不惜身命の気概と言い換えることもできますが、「剣道」即「日常生活」の観点からいえば、たとえば大学・大学院のような高等教育機関において専門研究の道を極《きわ》めようとする場合にも、また社会人として企業にあっては、就業する部署の業務を着実に遂行する場合にも同じことがあてはまります。

要するに、高質《ハイクオリティ》の剣道を求めて本格的な稽古を開始するためには、最初にこのような覚悟をしっかりしておく必要があるということであり、これが刀耕先生の説かれる守破離の入り口における重要な修行のポイントです。

註一三六、千葉周作成政《なりまさ》、北辰一刀流の流祖。一七九四（寛政六年）〜一八五五（安政二年）。没年六十二歳。……

杉田幸三著『精選日本剣客事典』（光文社刊、昭和六十三年）による。

第五十九講　かたちを正す

まず、かたちを正して。かたちのまとまりは呼吸。そして、刀という観念でやって行くと、段々熟してくる。剣道は「正しく」と言うけれど、正しいという所は、まず「かたち」からな。

『小川忠太郎先生剣道話　第一巻』二一頁

剣道でかたちといえば姿勢のことをいい、中段に構えたときの姿勢をはじめ、正座、蹲踞、そして残心などの姿勢という具合に、いろいろなところに形《かたち》の良さが求められます。たとえば、『剣道指導要領』註一三七によると「姿勢」とは「自然体」のことであり、「剣道の『構え』のもととなる体勢であって、どこにも無理のない自然で安定感のある姿勢のことをいう。」（傍線著者）とあります。そして「方法と留意点」には次の五点が記されています。

(1) 首筋を立てて顎を引く。
(2) 両肩を落として背筋を伸ばす。
(3) 腰を入れて下腹部にやや力を入れる。
(4) 踵を軽くつける。

(5) 両膝を軽く伸ばして重心を心持ち前にかけて立つ。
(6) 目はさわやかに全体を見つめる。

これは正しい姿勢を創造するための最低限必要なポイントですが、刀耕先生は、さらにこれに加えて、正しい姿勢は正しい呼吸法と表裏一体の関係にあるということを指摘されています。

呼吸法で大事なのは姿勢。姿勢が正しくないと呼吸法はだめ。前かがみになっていたりしたらだめ。正しい姿勢と正しい呼吸、これを教えなきゃいけない。

『小川忠太郎範士剣道講話(一)』二一二頁

つまり、身体で作る正しい形とは、いわば真っ直ぐに立てたコップと同じであり、その状態であればなかに液体を一番たくさん入れることができるのと同じように、吸った息を一番たくさん体内に収めることができるからです。それで正しい呼吸法をつかうためには、まず姿勢を正すようにといわれるのです。

正しい姿勢は、剣道のみならず禅の修行においても大切なことであるとされますが、その養成の仕方について刀耕先生は次のように説いていらっしゃいます。

人間禅教団の芳賀洞然老師が、『禅入門』、こんな小さい本の中にね「坐禅は、坐相が正しくないと悟れない」と書いている。大事な事だね。良い事が書いてある。剣道ならば、構えが正しく

ないといけない。いくら気合を入れたって。いつも話す通り、コップがちょっとでも曲がっていれば、水は一杯まで入らない。真っすぐに在るから、一杯に入る。まず、「かたち」を正す事が大事だ。相手が無くて、鏡に向かって「かたち」を正す事は、誰でも出来る。切り返しの中で「かたち」を正す。だから、正しい切り返しをやらなくてはいけない。左手と左足が決まれば、切り返しの中で「かたち」を正す事が出来る。だから、切り返しに骨を折る。（傍線著者）

『小川忠太郎先生剣道話　第二巻』一八―一九頁

また、とくに幼少年や初心者の指導において最初に悪い癖がついてしまうと上達がおぼつかないものになってしまいますから、正しい姿勢を養成するための基本事項として、刀耕先生は次の点を強調されています。

「顔を真っすぐにする」。つまり、「頭」だな。「頭のかたちは直（ちょく）」という言葉がある。頭が真っすぐになると、腰が入る。これで「かたち」ができる。そして「かたちを練る」。「頭容は直」。これは『小学』[註一三八]という本に出ている。八歳の時から、これを練る。そうすると身についちゃう。まっすぐ「ズーッ」と。「頭容は直」。思い出しては、これをやる。形をやる時、静坐の時も、これを思い出す。剣道でこれを習ったら、ほかの生活でも応用する。これをしっかりやるのが『小学』だ。

『同上　第一巻』八一頁

堀籠敬藏範士筆による「努必達」の書

また、稽古においてよく元立ちを務める中・上級者の呼吸法についても、刀耕先生は厳しくも貴重な次のようなアドバイスを啓示されています。

元立ちの者が、構えが出来ていないという事はどういう事かというと、相手が下の者だから気を抜いちゃっているという事だ。刀という観念がなくなっちゃう。気が緩むから、そこから構えが崩れる。その証拠が口にでる。口を開いちゃう。それじゃ駄目なんだ。構えは呼吸でまとまるんだ。呼吸でまとまれば「ピシッ」といく。これを下の者とやる時でも忘れちゃいけない。もうひとつ構えで大事なのは、かたちが大事なんだ。かたちは左足がこう崩れるとまずい。そうすると、それを補うために肩に力が入る。これは本当じゃない。こういう力は相手にちっとも通じない。やっぱり自然じゃないといけない。道を歩むように自然に。この両足の上に重心が「グッ」と決まるでしょ。重心が決まって腰が安定す

る。背骨から頭へ「ズーッ」と。これで正しい構えができる。（傍線著者）

『同上』一頁

本講では、正しいかたちということに焦点を合わせ、その重要性について少し理解を深めてみました。日常の稽古において、正しいかたちを身につけた剣道が実現できるようにと願いつつ、自分の構えに歪《ゆが》んだところや不自然な力の入ったところはないだろうかと謙虚に反省し、これを正す工夫をしていきたいものです。そういう姿勢で精進を続けていけば、努《つとむれば》必《かならず》達《たっす》という言葉があるように、きっと正しいかたちが自分の剣道に創造されてくるはずです。

註一三七、『剣道指導要領』（全日本剣道連盟刊、二〇〇八年）、三六―三七頁を参照。なお、『幼少年剣道指導要領』（改訂版第十一刷、全日本剣道連盟刊、二〇〇一年）と比較すると、(5)が新しく加筆されている。

註一三八、中国南宋の朱熹《しゅき》（一一三〇～一二〇〇）の友人である劉清之《りゅうせいし》（一一三九～一一九五）の編。一一八七年成立。古典および古人の言行を引用した儒教倫理の入門教科書。……『学研漢和大辞典』による。

第六十講　先

剣道は、構《かまえ》が崩れず先の気があれば、
思わずして相手の技には応じられるもの也。
むつかしいのは、先の気を含める構、
換言すれば生きた構の相続にあり。
相手から乗られていれば、
いかに打とう突こうとしてもだめ也。

『百回稽古』「第十八回目」七二頁

上達するためには、一にも稽古、二にも稽古という具合に、とにかく稽古に精進することが大切です。しかし、剣道の要素にはいくつかの特徴がありますから、ときにはそうした側面に着目して反省し、自分の稽古の弱点を補う発想をしてみることも大事なことです。

刀耕先生は、工夫をするための便宜上、剣道を刀法・体法・心法という三つの側面に分けて考察をされています。これは後進の私たちにとって大変有意義な着眼点になるものであると思いますので次に引用してみます。

剣道を仮に分けると、刀と体と心の三つに分ける事が出来る。しかし、この三つは別じゃない。話がしやすいから、仮に分けただけ。本来はひとつ。刀法と心法はひとつ。これを体得するんです。これが、ばらばらになっちゃや駄目なんだ。しかし、体得する為の順序として、ばらばらに研究してもいい。切り返しと掛り稽古で刀法と体の法を覚える。刀法だから、刃筋を立てる。体の法だから、自分の思うように体が動くよう修行する。これをしっかりやらないと、ある程度から伸びない。左足が横になっていたり。左手を「こう」横に持っておったりしたんじゃ。初めは強いようでも駄目になる。これを早くからやる。

『小川忠太郎先生剣道話　第一巻』一一三頁

稽古における自由な身体の働きを得るためには、体法の工夫をすることによって足さばきや適法な姿勢の養成をする必要があります。また刃筋を正した打突や手の内に冴《さ》えのある打突を修得するためには、刀法の工夫をすることによってその質的な向上を図る必要があります。こうした目標を達成していくのにふさわしい稽古方法が切り返しと掛かり稽古であるということです。とくに切り返しについては「第三十二講」をはじめとしてしばしばその重要性について言及してきました。一般に切り返しほど退屈で疲れる稽古はないなどと思いこんでいる向きがあるようですが、正しい切り返しの方法を工夫してみればみるほど、その中には剣道力の基を養うために必要な、刀法・体法・心法の全域にわたる重要な要素がたくさん入っているということを発見して大いに驚かれるのではないでしょうか。

次に、心法についてはどのようなことが着眼すべき点になってくるのでしょうか。これについて、刀耕先生は、次のように説かれています。

あとは、形と地稽古で心法を練る。剣道の言葉で言うと、心法は「先（せん）」という。剣道では「現在」とは言わない。「現在」と言うと、現在で止まっちゃう。現在から「グッグッグッ」と出ていく。「先」という。だから、お互いに一足一刀で構えた時に「先」がかかっていれば良い。「先」がかかっていれば、動かなくも「生きて」いる。これに対して、現在に止まっているのを「居着く」という。だから、剣道は「先の連続」が修行だ。いつでも「先」だ。「先・先・先・先」。それが心法の修行。

『同上』一一三頁

刀耕先生によれば、心法の工夫をするための稽古法は、剣道形と地稽古によるのが最適であり、それによって「先」の心を練っていくことが肝要です。また、「先」とは現在に止まっているものではなく、そこから「グッグッグッ」と前に出ていくものでなければならないということです。道歌の一首に「今今と　今という間に　今ぞなく　今という間に　今ぞ過ぎ行く」というものがありますが、過ぎ去っていく「今」に引きずられて新たに現れてくる「今」という現実に十分に対処することができるためには、常に心が新たな状態になっていなければ何も写し取ることはできないでしょう。それで剣禅一如の極意を示すものとして「自浄其意《じじょうごい》」……みずからそのこころを浄《きよ》くせよ……というものがあるのだと思います。この点について刀耕先生は次のように説かれています。

これは雑念を呼吸に合せて正念化するのである。この正念相続の修行こそ人間形成の嶮関であり、真髄であります。念々正念の修行は、道場内だけではない。日常生活の上で、正念の工夫を絶やさない。これが本当の剣道です。

五十歳以後の宮本武蔵は、日常この工夫をしていた。「五輪之書」地の巻に、「我が兵法を学ばんと思う人は、道を行う法あり」として、九ヶ条を挙げ、その第一条は「邪なき事を思う所」とある。うそをついてはいけない。これが武蔵の全体である。汚い着物でね、風呂にも入らない。そこで弟子達が、先生はどうして風呂に入らないかと尋ねると、「身体の垢は桶一杯の水で取ることができるが、心の垢は取る暇がない」とね。雑念を正念化する。一念一念を正念化する。此所まで行ったら本物である。我は古今の名人に候と自認し、常に念々正念の工夫を絶やさず、二天道楽と号して、道を楽しみ、本当の人生を味わい得た道人である。

『小川忠太郎範士剣道講話(一)』五二頁

武道でいう「先」という心の状態についてもう少しみていくことにしますと、常に「今」というところに焦点が合わさっていなければならないということです。つまり過ぎ去ってしまった過去のことも、まだ到来していない未来のことも、ともに無用なものであるということです。とくに過去のことに心が停《とど》まっているために眼前の「今」の事態に対応できない状態のことを「止心」といい、よく戒められるところです。大事なことは、まず、現在只今になりきるということです。それを刀耕先生は次のように説いていらっしゃいます。

雲弘流では、ここを「あと先のいらぬ処を思うなよ、只中程の自由自在を」と過去も未来もいらぬ前後際断、只現在になり切れと示しており、一刀流では、夢想剣として秘している。ここは理屈では通れない悟りである。

『同上』五三頁

少しでも心の流れに停滞するところができると、あっという間もなく「現在」を捉えている心は「過去」のものとなってしまい、止心が生じます。これは私たち凡人にとっては常の出来事ですが、そこのところこそが、刀耕先生の与えてくださった洞察によって、心法を工夫して練るべき急所です。心が凝滞しないで「グッ、グッ、グッ」と出ていくことができれば、その本体は「生きている」ことになります。しかし、たとえ外見の構えが正しく見えても、本体の内にある心が少しでも過ぎ去った現在に停滞していれば、それは「居着いた」もの、すなわち「死に体」となってしまうのです。要するに、一足一刀生死の間において、「先」に懸かっているのか否かによって生死の問題がおのずから決定されてしまうというわけですから、本当にこれは大変なことです。

こういう剣道観は日常生活にもあてはまるものです。人生の構えにおいても、日々新たなりと、刀耕先生が説かれる意味での「先」の精神を以て過ごすことができれば、私たちの人生の内容もより充実した豊かなものに変わってくるはずです。刀耕先生の次の遺偈《ゆいげ》[註一三九]をよく拝読し心法をよくよく工夫するための糧とさせていただくことにいたしましょう。

忽然念起、名為無明
念々正念、名為　悟
老病に対し遊山の境涯
平成三年十一月二十四日　午前一時半
無得庵小川刀耕

註一三九、「(内意)突然湧き起こる念慮は最も根本的な真実について無知で、煩悩とも云う。

これを無明となすと云い剣道で言うならば妄念と云ってもよい。先生は常日頃この反対を一念一念の連続これを正念相続と言ってこられたこのことを悟りであると結んで居られる。

刀耕先生常日頃剣理として正念相続を説いて居られた。遊山の境涯とは禅門を極められた先生ならではのにくい言葉であると思った。」……森川竜一著「無得庵小川刀耕先生の遺偈」『玄武だより』第二十八号、財団法人玄武道場刊、平成六年四月十五日、二頁より。

第六十一講　本体の養成

本当の修行というのは、相手に対して自分の修行をする。心を相手に向けるのではなくて自分に向ける。つまり心を本体にとって返す。そういう修行。

『小川忠太郎範士剣道講話㈢剣と道』一七頁

冒頭の刀耕先生の言葉にありますが、修行の上で「本体」ということに着眼することは大変重要なことです。もちろん「技」が生まれるのは正しい「構え」からですが、それにはまず充実した「本体」が養成されていなければなりません。「本体」とは一人ひとりに生まれながらに備わっているものなのですが、そこに宿る心気というものが充実して溢《あふ》れ出るほどになるためには、「一杯」というところを目標にして「努力呼吸」によってよく練っていくことが大切であるということは、「第五十六講」で学んだところです。

本講では、この教えの理解をもう少し深めるために、次の言葉に注目してみたいと思います。

本体というものは別の言葉で言うと、生命力です。これが根源になっています。孟子はこれに名を付けて、「浩然の気」と言っております。

『小川忠太郎範士剣道講話㈠』四〇頁

「浩然《こうぜん》の気」とは、これに長じていたという孟子《もうし》註一四〇自身も「言い難し」としながらも「その気たるや至大至剛」という途方もなく大きな気のことであるといいます。

身近な例で考えてみると、有効打突の条件に「充実した気勢」という部分がありますが、これが「浩然の気」のことに通じています。また全剣連の『剣道試合・審判規則』による試合は「剣道の理念」に基づくものですから、当然のことながら「旺盛なる気力を養う」註一四一ということは、重要な剣の理法の修錬の一部であり、これがまさに「浩然の気」の養成ということになるのです。

さて、刀耕先生は自らの修行経験を踏まえて、剣道の向上を本当に望む後進のために、大変有益なアドバイスをされています。

剣道で差があるのはどこにあるかというと、これ即ち本体に差があるのです。技なら五段ぐらいまでやれば終りと言ってもよい。技には程度がある。私は三十一、二のとき高野佐三郎先生から、「小川さん、もう技はそれでいい。これからは位で遣《つか》え。五十くらいになってから位で遣おうとしても間に合わない。今からそう心がけておけ」といわれました。それは技のことではなく、本体のことを言われたのです。

『同上』四〇頁

確かに剣道は「技」の修行をすることも大切ですが、刀耕先生によれば、それは段位でいえば五段ぐらいまでで十分であり、上級者ともなれば、稽古は「位」で使うこと、すなわち「本体」

の工夫を怠らないようにすることが大切であるということです。高野佐三郎範士によれば、その修錬には十年も二十年もの歳月を要するということですから、相当の覚悟をした上で臨まなければなりません。

本体の養成をすることに向けて、刀耕先生は現代の剣道を批評しつつも、その方法論を次のように明らかにされています。

> 稽古をやらなくてもこの本体を養って行くと稽古は落ちないのです。今の剣道はここが欠けている。
> 構えとか技ばかりやっている。本体が欠けている。私が皆さんにお話したいのはこの話です。これはだれでも生まれながらに持っているのです。生命力、浩然の気、まずここに気が付いてこれを養って行く。ですから、浩然の気も、「我善《よ》く吾が浩然の気を養う」と孟子は言っていますね。生まれながらに持っているものでも放っておけばそれに雲がかかってきますので、よく養うのです。何で養うのかというと、純真な気持で養って行くのです。「直《なお》以って養うて害する無くんば則《すなわ》ち天地の間に塞《ふさが》る」。これが根本になります。

『同上』四〇—四一頁

ここでいう「直」とは「直心《じきしん》」とか「誠」という意味ですから、そういう心で「本体」の中心にある「浩然の気」を正しく長く養っていくようにすれば、稽古力は衰えないというのが刀耕先生の洞察されるところです。打ったの打たれたのと技のことばかりやっていて本体の養成が不十分であると、いつか本体充実の重要性に気がついても、家の建築にたとえると、家を建ててから土台を作ろうとするようなものですから、なかなか容易なことではありません。それではどうしたらよいのかというと、刀耕先生はさらに次のように説いてくださいます。

本体は、最初の打ち込み三年の二十歳前後で決めてしまえばいいのです。それを一生涯でずうっと伸ばして行けばいいわけです。これが一番大事なのです。

『同上』四二頁

すでに二十代半ば以上にある人にとって、この刀耕先生の教えは幻の理想論に聞こえるかもしれませんが、大事なことはいくつになっても心法の工夫を忘れないようにすることが肝要なことではないでしょうか。大先達の言葉に「心外無法」註一四二というものがありますが、修行において目を向けるべき対象は、相手ではなく、自分の「本体」のほうでこそあるべきであるという大事なことを教えてくれる剣道の極意です。自分自身の心のあり方を工夫するということは必ずしも容易なことでありません。しかし、それにもかかわらずその工夫をコツコツと努めていくことにすれば、やがて「位で遣う」ことができる剣道が実現してくるということですから、たとえその日が遙か先にあるとしても、何と楽しいことではありませんか。

生まれながらにして私たちの一人ひとりに授かっているという「本体」を養成していくということは、剣道においてのみならず日常生活においても生きるための大きな力を生むことにもつながってくるものです。現代社会においては新聞やテレビなどのメディアを通じて毎日のようにますます厳しい様相を呈する種々の現象が報道されています。それにもかかわらず、日常社会のストレスによって挫《くじ》けたりすることがないような、いきいきとした「本体」を養っていくことができれば、それによって人生がより充実したものになり、きっと人生を生きる重大な意味が明らかになってくるのではないでしょうか。

心を相手に向けるのではなくて自分に向けるようにして、心を本体にとって返す修行の道は、決して安易な覚悟では先に進むことができない道のりです。しかし勇気をもってこの道に分け入ることにしてみようではありませんか。

行く先に　我が家ありけり　蝸牛《かたつむり》　鉄舟

註一四〇、孟子（前三七二〜前二八九）。『孟子』の著者。戦国時代の思想家。また、「浩然の気」については註四七（一二五頁）を参照。

註一四一、「剣道修錬の心構え」『剣道指導要領』（全日本剣道連盟刊、初版、二〇〇八年）五頁を参照。

註一四二、山岡鉄舟「無刀流と称する説」の一節に「…修業者数十年苦行をなし、唯身体の働きと太刀の運びばかりを見るは非なり。…心外に刀なきを無刀といふ。無刀とは無心と言ふが如し。無心とは心をとどめずと言ふ事なり…」とある。……高野澄編訳『山岡鉄舟　剣禅話』徳間書店刊（一三刷）、一九九二年、五〇頁より。

第六十二講　正しい修行

剣道はこれでよいと思った時は堕落也。よいと思った場をすぐに捨て、また新しく修行をやり直す心が秘訣也。釈迦彌陀も修行最中。

『百回稽古』「第二十五回目」一〇七頁

上位者にお願いする稽古を振り返ってみると、当然のことながら、いつも攻められて打たれてばかりいるという印象が強くするものです。しかし、そうした気分に挫《くじ》けてばかりいないで、自分の稽古に足りないところを、気（浩然の気[註一四三]）、剣（技術）、あるいは体（体さばき）のレベルについて反省し、不足しているところを補うように工夫をしていくことは大変重要なことです。いつかきっと打たれないようになってみせるぞ！　という気概を胸に秘めて、地道に努力を続けていけば、必ず剣道の上達が実現することにつながるはずだからです。

刀耕先生が持田範士に願った『百回稽古』は、まさにそういうことを示す貴重な証拠です。

終戦後八年稽古を休み、昭和二十九年十一月十六日[註一四四]に始めて持田先生に願い、どうする事も出来ず。その後、満一ヶ年修行し、昭和三十年十一月十九日、第二十五回目で先生の位を破る。

『同上』一〇六―一〇七頁

一年前にはとてもかなわない持田範士との稽古であったということですが、積まれた研鑽《けんさん》の過程を日誌によってよく考察してみると、刀耕先生は常に「事前の工夫、稽古、反省」という三磨の位[註一四五]に則《のっと》って、誠を尽くして精進されていた様子がよくわかります。そしてその結果として、次のような好結果が現れたのだということです。

昨年十一月十六日、妙義で先生に稽古を願い、ここ一年間は先生の方が攻勢でよかった。余は出にくかった。それは切先と間合で負けた。満一ヶ年の修行により本日、先生の三つの間[註一四六]を破る事を得。

『同上』一〇六頁

しかし、刀耕先生は一つの相対の問題の解決に満足して、そこにあぐらをかくようなことはされませんでした。それどころか、剣理・禅理の高邁《こうまい》な理想である事理一致の境地を求められてやまなかったのです。そのときの戒めの言葉が冒頭に示したものです。

真の修行の目的とは、打った打たれたという相対の事象に安住することではなく、剣の理法の修錬によって、奥へ奥へと進んでいくことにあります。これについて刀耕先生は、後進のために次のように説かれています。

剣道は「一太刀」だ。一太刀が正しいか、正しくないかが分かれ目なんだ。正しい修行をしていると上達する。わがままに、出鱈目《でたらめ》にやっていると、そこに固まっちゃう。「正しい」という所に力を入れて。そこが眼目だから、一挙手一投足、正しく、正しく。

『小川忠太郎先生剣道話　第一巻』一一頁

正しい修行をするということは、剣禅の言葉を借りていえば、「諸悪莫作《しょあくまくさ》、衆善奉行《しゅぜんぶぎょう》」という修行をするということです。剣道は、やり直しがきかないということを前提にして、自己の全身全霊を正しい一太刀に向けて正しく相続していくことが稽古のかなめです。

刀耕先生が説かれる「正しい一太刀」が創造される過程《プロセス》を逆行して分析してみると、その前には一足一刀生死の間における正しさがなければなりません。そのためには交刃、触刃の間における正しさが求められます。さらには遠間にあるときや蹲踞から立ち上がったときの正しさ、蹲踞の正しさ、そして九歩の間でおこなう立礼のときの正しさという具合に、その要所、要所における気構え・身構えの正しさを点で示せば、点、点、点……という不断の点の連続[註一四七]が、正しい一太刀を構成しているのであるということができます。

稽古においては、九歩の立会《たちあい》の間において相手に対峙したときから、初太刀を発し、そして残心の構えに至るまで、正しい一挙手、正しい一投足の形と内容が首尾一貫していなければなりません。さもないと正しい一本というものは、望むべくもないということになります。この問題について、刀耕先生は、また次のようにも説かれています。

現在の正しい一本。そこを一生懸命やっていると、一年に一遍もないけれど、自然の技が出る。これが極意だ。ここへいく為の「正しさ」だな。「正しい」と言っているうちは、まだ多少意識を使っている。「正しくやろう」という意識だ。そうでなく、自然に正しい事に合致してる。そうなると、からだに喜びが出てきて剣道が止められなくなる。だから、現在の段階でも「正しい、正しい」所をやっていく。

『同上』二頁

剣道における「正しい」とは、「自然である」ということです。また「自然である」ということは、「無理」「無駄」そして「無法」がない攻めの構えを意味します。確かに稽古には相手があり、どの間においても正しさを相続するということは神業といってもよいくらいで、決して容易なことではありません。しかしながら、刀耕先生を模範として、「釈迦彌陀《しゃかみだ》も今に修行最中」、まだ先、まだ先、と自分を励まし、「正しい」という理想のところをめざして精進してまいろうではありませんか。

註一四三、「第六十一講」（二九一頁）を参照。

註一四四、このとき、持田範士は七十歳、刀耕先生は五十四歳。

註一四五、「三摩の位」と表記されることもある（『柳生新陰流道眼』柳生延春著、島津書房刊、平成八年、一六七頁）。また「第二十一・二十二講」（一〇〇頁・一〇四頁）も参照。

註一四六、真・行・草の三つの間のこと。

註一四七、「第四十四講」の「点という事」および「第六十講」の「先の連続」の記述を参照のこと。

第六十三講　剣道理念の重み

「武術」でなく「武道」にするには「人間形成」という言葉が必要になる。これなら、最後は「武術」ではないよ。人間形成だ。

『小川忠太郎先生剣道話　第二巻』二一五頁

私たちがめざすべき剣道とは、全剣連の指導理念である「剣道は剣の理法の修錬による人間形成の道である」ということを実行していくことであり、これが刀耕先生の遺された命題です。この指導理念を空文にしておかないで、実行していくためには、そこに謳《うた》われている大目的の内容を「剣道修錬の心構え」ともあわせて明らかにしておく必要があります。ところが、その理解がなかなか深まらず、また広まっていかないところに理念の実行が思うように進まないという原因が潜《ひそ》んでいるように思えます。

それにはまたそれなりの理由も別途に存在しているように思います。つまり、指導理念を表現するのに用いられている語彙《ごい》が難解であると思われている点に大きな原因があるのではないでしょうか。そこで「剣道の理念」が制定されたときの剣道指導理念委員会委員長であった松本敏夫範士[註一四八]の言葉を振り返ってみることにします。

これを作るに当たって、どの層を対象にして考えたらいいかが大いに問題となりました。剣道は少年から九段の先生まで非常に幅広く、また能力的にも著しい差異があるためです。結果、これを少年に理解しやすいものにすると、剣道の非常に低い部分だけしか言えない……、やはり全剣連が作るのだから……と、高い層を基準において定めたわけです。だから、その表現も格調高い言葉であらわし、〝こうありたい〟という理想の姿を打ち出したのです。

そうしたら下の者にわからないじゃないか、という反論もあるでしょうが、それは少年を教えている先生方、あるいは一般の指導者に、その本当の意味を理解してもらって、こう話したら少年、あるいは初段、二段、三段の人にもわかると、指導する時にそれに合うように考えて話をしてもらったらいいということなのです。

「理念に則った剣道修錬が大切」註一四九

右の説明から少なくとも次のことがわかります。

①指導理念は、小・中・高校生向きには表わされていない。
②読者の対象の基準とされる「高い層」とは、四段以上の大学生を含めた指導能力を有する「指導者層」のことである。
③望ましき剣道の理想の姿が「格調高い言葉」で表現されている。

このような事情があって、理念制定時以来、全剣連ではいろいろな講習会を利用して理念の解説と伝達・普及に努めてきました。そのことは刀耕先生の講話[註一五〇]からも明らかです。

理念の条文が出来ただけでは、なかなか普及しない。私は全剣連に頼まれて、今年まで理念の講習をやった。柳生の講習とか、東京の全国的な講習だとかね。なかなか「刀[註一五一]」という観念が入らない。「刀」という観念が入れば、剣道は大部分解決するよ。しかし、「人間形成」という言葉を置かないで「刀」だけだと、勝った負けただけに成っちゃうからな。そうでしょ。ただの「武術」になっちゃう。「武術」でなく「武道」[註一五二]にするには「人間形成」という言葉が必要になる。これなら、最後は「武術」ではないよ。人間形成だ。

『小川忠太郎先生剣道話　第二巻』二二五頁

これまで何度も触れてきたことですが、「人間形成」という用語についてみると、これには二つの側面があります。一つは個人としての人格の陶冶《とうや》を図る側面であり、これを刀耕先生は、（人間）個人形成と呼んでいます。もう一つは対人関係における人格形成を指し、これは（人間）社会形成と呼ばれます。禅（仏教）においても自利、利他という言葉があり、自利の修行は個人形成に、また利他の修行は社会形成に匹敵するものです。

もっと具体的に述べれば、指導理念の「剣道修錬の心構え」の前半部にあたる次のことが個人形成の道であるということです。

剣道を正しく真剣に学び

心身を錬磨して旺盛なる気力を養い
剣道の特性を通じて礼節をとうとび
信義を重んじ誠を尽して
常に自己の修養に努め（る）（傍線部は著者が加筆）

とりわけこの修錬をおこなっていく際に本体となる「誠」とは、「直心」あるいは「真心」とも呼ばれることもありますが、少年用には「一生懸命」というやさしい言葉で説明するのがよいでしょう。また中・上級者にとって「誠を尽す」ということは、前講で扱った『百回稽古』にみられる刀耕先生の修行姿勢が最良の模範《モデル》になるはずです。

これでもまだ難しいと思われる人に対してさらに説明を追加することにすると、こういう道を歩んでいくと結局どうなるのかというと、剣道においてのみならず、日常生活においても大いに物を言う結果が現れてくるということです。すなわち、「自信」が育まれることになります。これを剣道でいえば、相手によって容易に崩されない構えの本体ができてきます。また人生でいえば、自分は生きているという「充実感」を覚えることができるようになるものです。そうなってこそ本当に「信頼される」人間になることができるのです。会社員であれ、警察官であれ、学生であれ、あるいは父親・母親であれ、社会生活においてどのような対人関係の役割を担っていようとも、人から信頼される人間になるということが、剣道で人間形成の修行をするということの本当に重要な意義であるのです。

「誠を尽す」とは『中庸』に、「誠は天の道なり、これを誠にするは人の道なり」とあるように、「誠」というのは大自然の道である。その大自然の道を明らかにして、そうしてそれを日常生活に実行していくのが人の道。だから先ず「誠」を明らかにしなければいけない。そういう修行をしないで、当てっこばかりしているから修行の方角が違ってくる。今の剣道は本体を見失っている。先ず自分の方を磨かなくてはいけない。

『小川忠太郎範士剣道講話㈠』九七頁

もちろん武術の修錬も大切なことです。しかしもっと重要なことは、より多くの剣道を志す人びとが剣道の修錬に勤《いそ》しむことによって今世紀をいきいきと生きていくためには、人間形成の道の修行に目を閉ざしたままで済ますことは決してできないのではないでしょうか。

註一四八、一九〇八（明治四十一年）～一九八七（昭和六十二年）、享年八〇歳。全日本剣道連盟副会長（昭和四十九～五十一年度）、剣道範士九段。

註一四九、昭和五十一年七月の「剣道中堅指導者講習会」に於ける松本敏夫範士の講義……『剣道時代』一九九四年四月号、一二頁より。

註一五〇、昭和五十七（一九八二）年十一月二十一日の講話より。このとき、刀耕先生は八十一歳。

註一五一、「刀」は「剣の理法」の「剣」と同義である。

註一五二、「武術（剣術）」と「武道（剣道）」の違いについては「第三十三講」（一五三頁）及び「第三十四講」（一五七頁）を参照。

第六十四講　蹲踞

初太刀は、どこが大事かというと、蹲踞したところ。ここで決まっちゃう。立ってからじゃない。

『小川忠太郎先生剣道話　第一巻』一〇五－一〇六頁

剣道はどのようにしたら上達することができるのだろうか。これは誰もが関心を持つ、きっと古くて新しい問題であるに違いありません。

剣道以外の芸事に少し目を向けてみると、たとえば囲碁において烏鷺《うろ》の戦いの決着がつくと、対局者同士が置いた石を順次はがしながら、ここでこう打ったら敗者にも勝機があったのかどうか、さらにはがしていってみては、ここではどうかという具合に、延々と正しい着手を求めて検討することがよくあります。

剣道でも相手に打たれた稽古を反省してみることが大切なことはいうまでもありません。うまくいかなかった攻防を振り返り、打たれたその前の状態はどうであったのか、そのまた前はどうであったかと、ちょうど白黒の石をはがすようにしてみていくと、結局、蹲踞の状態にたどり着きます。そしてそこにこそ戦機の原点を発見することができると指摘するのが冒頭に示した刀耕先生の言葉です。つまり、剣道では、初太刀で相手に勝つということは蹲踞の在り方の中にその種が入っている、というのです。これは重大な指摘であり、刀耕先生はさらに続けて次のように説かれています。

蹲踞した所から決まったまま立てばいいんだ。ここをつかまえなくっちゃ。双葉山なんかここだ。仕切る所で決まりだ。立った時はいつでも「先（せん）」になる。それが初太刀です。蹲踞からいい加減に立って、「面」なんていうのは剣道じゃない。蹲踞から「ジーッ」と、初太刀に集中して稽古していくと、ぐんぐん上達する。（傍線著者）

『同上』一〇五―一〇六頁

双葉山関の仕切り振りといえば木鶏の故事[註一五三]で有名です。また、「蹲踞した所から決まったまま立てばいい」と先生はおっしゃいます。この話はすぐに理解することができますが、これを実践するとなるとなかなか容易なことではないということにも気が付きます。

さらに、蹲踞がしっかりできれば、立ち上がったときには「先」になることができるといいますが、これは心の先、体の先、剣の先という気剣体一致の原点であるといってもよいでしょう。剣道において、蹲踞とはこれくらい重要なことです。それにもかかわらず、普段の稽古において蹲踞の構えをおろそかにしているということはないでしょうか。不十分な蹲踞からいい加減に立ち上がって、それからやっと「さあ！」と気を込めようとする稽古癖のある人が意外に多いのではないでしょうか。

とくに最近の大学生の試合において、そのまま見過ごすことにはやや躊躇《ちゅうちょ》を覚えるような光景をよく見かけることがあります。たとえば、抜刀をして蹲踞の体勢に入っても、一方の試合者が、主審の「始めっ！」の宣言を待ちきれず、もう相手に向かって立ち上がりかかっているとい

昭和63年５月、第36回京都大会にて、楢崎正彦範士（右）――松元貞清範士

うことがあります。これはスポーツの陸上競技におけるフライングと同じことです。また、開始の合図とともに立ち上がりながら相手に向かって打ち掛かっていくという極めて不自然なこともあります。

それは試合に勝つことのみに心の視野が狭《せば》まっているからであり、『剣道試合規則』に明記されている「公明正大に試合をし」[註一五四]という試合者に課されている心得を度外視しているところに原因の一つがあるのではないでしょうか。試合の倫理的な側面を考慮することはもちろん大切なことですが、本講では正しい蹲踞とはどういうものであるのかということについて、大先達の一人である高野佐三郎範士が説かれるところから学んでみたいと思います。

刀を抜《ぬ》きつゝ、右足を前方に出し蹲踞す。右足を出したる場合、両足踵《きびす》の距離は胸の廣《ひろ》さを保つを程度とす。右手の拇《ぼ》指《し》を以て下より鍔元を支へ上げ、鞘より拔く考へにて、且《か》つ敵を真向《まっこう》より撃ち下す心持ちを以て拔き放ち左手にて柄頭を握る。この場合兩踵を擧《あ》げて體重《たいじゅう》を兩足尖《さき》にて確實《かくじつ》に支持せしめ、左右踵上に臀部《でんぶ》を据え、且つ下腹に力を入れ、身體の動揺に注意すべし。（ルビ・傍線著者）

高野佐三郎著『劍道』（大正四年刊）島津書房、昭和六十一年復刻完全新版、四八頁

もう少し付け加えると、「膝を90度ぐらいまで開きながらまげる。蹲踞の姿勢をとるとき、上体を伸ばすことが重要である」[註一五五]という点にも注意したいものです。

最後に、高段者の格調高い試合開始の在り方について解説した資料を引用し、これによって武道としての剣道の正しい蹲踞の仕方について学ぶ参考にしたいと思います。

現在の全日本剣道連盟の「試合・審判規則」では、試合時には蹲踞をして主審の「始め」の宣告で試合を開始することになっており、蹲踞から直ちに打ち合うことは認めず、必ず立ち上がって中段に構えてからの試合となっているのも他の運動種目と異なっていることは、いかにも武道的な一面である。（傍線著者）

堀籠敬藏著『剣の清流』日本武道館刊、平成十六年、二一一頁

この解説によって、剣道の試合における武道的な特徴とは、まさに正々堂々とした行為のことであることが明らかです。とくに剣道における品格を養うためには、下腹部に力を込めた蹲踞の構えから獅子の気合[註一五六]で立ち上がり、充実した先の気分となって試合を開始していくことには

大変重要な意味があるのです。

大先達の教えに「稽古は試合の如く、試合は稽古の如く」というものがあります。日常の修錬においても、稽古が試合であるように真剣に努めていくことが大切です。すると向上の種が図らずながら本体に蒔かれることになり、そのような稽古に数をかけることによって、蒔かれた種が自然に生育していくものです。そしてそれが人間形成の剣道修行にもつながっているのであるということを、どうか忘れないようにして精進していきたいものです。


註一五三、「第五十四講」(二五四頁)を参照。

註一五四、『剣道試合・審判規則　剣道試合・審判細則』(全日本剣道連盟刊、平成十一年四月版)一頁を参照。

註一五五、『剣道和英辞典』(全日本剣道連盟刊、平成十二年版)の「蹲踞」の項(九四—九五頁)を参照。

註一五六、「第四十五講」(二一〇頁)を参照。

第六十五講　真剣の間合

ほんとうの剣道をやると上手に対しても下手に対してもジーッと立っていられないほんとうの真剣の間があるのだ。ここを知り、ここを鍛錬する事が大切也。

『百回稽古』二〇〇頁

かつて増田真助範士[註一五七]は、持田盛二範士の稽古を見学して、次のような感想を漏らしたことがあるそうです。

「持田先生が下手《したて》を使うのを見ていると相手をぐっと追い込んでジーッと構えているが自分には出来ない。自分はあのギリギリの間では技を出すか引くかしなければ居られない」

『同上』二〇〇頁

刀耕先生はこの評言をもとにして、ギリギリの間[註一五八]というものについて次のような洞察をされております。

之《これ》は下手を使う場合でもほんとうの間合では立っていられないという事也。ここの所は中々気付けない。余は昨今ここに気付く。

即ちほんとうの間合には上手《うわて》も下手もないのだ。ほんとうの間合は恐ろしい所だ。真剣の所だ。ここは立っていられないのである。

その原因は、不安で立っていられないのだ。ここで引かずにジーッとこらえる事が修行なのである。

『同上』二〇〇頁

この観察において、私たちにとって大事なところは、「ほんとうの間合」というものをまず認識するということであると思います。刀耕先生によれば、この間は容易に気が付きにくいところにあるということですが、その所在を探るためのヒントになるのが恐ろしい、真剣の、そして不安で立っていられない所があるという指摘です。

この問題を考えるにあたり、まず竹刀《しない》は稽古においてどのような気持ちで持てばよいのでしょうか。相手を打つ（＝叩く）ための道具にすぎないという程度の意識しかない向きもあるでしょう。他方、材料が竹・カーボンであるとはいうものの触れれば切れる「刀」であるという観念で用いている人もあるはずです。実は、こちらのほうが剣道の理念に則《のっと》った正しい持ち方です。

この命題を前提とすれば、たとえ段位が自分より下位の相手であるとしても、相手の竹刀によって軽くとも打たれるということは、切られるということを意味します。血が流れて命を失うことにもなります。そのようなことがないようにと十全な心配りをして、方便としての生死のやりとりをする稽古に臨むということにすれば、きっと「ほんとうの真剣の間」の在処《ありか》を知る機会が生まれてくるはずです。

さて次に、真剣な稽古における間の取り方についてみてみたいと思います。

事《わざ》の修行でもう一つ大事なことは、一足一刀の間を守るということを原則とするということである。相手が弱いからといって、そばへ入って叩《たた》くというような、ゴチャゴチャ稽古をしたら、相手のためにもならないし、自分の稽古にもならないのである。一足一刀、この原則でやると、相手から打たれるが、そこを嫌《いや》がらずに、この原則を守ることが大切である。

『小川忠太郎範士剣道講話(二)不動智神妙録』二八頁

稽古は、遠間でも近間でもなく、一足一刀の間を原則とするという理由は、次に示す刀耕先生の講話によってさらに一層明らかなものとなります。

剣道ではまず相手と構えたとき、剣先が触れるか触れないかのところ、つまり触刃の間、このとき先をとれば勝つ。

その先をとるために、相手の構え、体勢を崩すために攻めを行なう。このときは出てもいいし、引いてもいい。左右に変ってもいい。これは打つための準備の動作。

ところが、剣先が合わさって、一、二寸入ったところ、つまり交刃の間。この間は、出たり引いたりは出来ない。ここは一足一刀生死の間である。

ここで本来なら彼我一体でなければいけないのだが、ヒョッと雑念が入る。それが昔から言われる剣道の四戒、驚懼疑惑。これが出ると、捨身になれない。

『小川忠太郎範士剣道講話(一)』一三七頁

ここで冒頭に引用した言葉を振り返ってみると、刀耕先生が洞察されたことは、一生懸命に正しい稽古をしていくとほんとうの間合というものに気が付くようになるので、そこを鍛錬の場として修行することが肝要である、ということです。ただし、その場は、相手の腕の上下にかかわらず、退くにも退けず、また出るにも出られないという切羽《せっぱ》詰まった恐ろしい所であるといわれますから、真剣の上にもなお真剣にならざるを得ない生死の間と呼んでもよいところです。

その肝心なところでいったい何を鍛錬するのかといえば、恐れ・驚き・疑い・惑いという雑念が入らない心法の工夫をするということが最重点の課題となることはいうまでもありません。四戒の迷いが生じるのはオレがオレがという「我《が》」が原因であると洞察して、「無我」・「無心」の境地を求めて苦心に苦心を重ねて修行を積んだ剣の先達がたくさんいることはよく知られているところですが、これは心の塵を払う修行をすることに他なりません。有名な『般若心経』というお経の一節に

心無罣礙《しんむけいげ》（心に罣礙なし） 註一五九

という言葉がありますが、これには「無罣礙故《こ》。無有恐怖《むうくふ》」（罣礙なき故に、恐怖あることなく）

という言葉が続きます。こういう仏の智慧に着目し、上で述べた剣道の課題を解決する修行に精進されている剣道家[註一六〇]が実際にいらっしゃるということは、私たち後進にとって、なんと大きな励みであることでしょうか。

剣道においてのみならず人生の豊穣に向けて、千日の稽古を鍛とし、万日の稽古を練として、心を耕す工夫と修錬に精進してまいりたいものです。

註一五七、「第十九講」註三三（九四頁）を参照。

註一五八、「ギリギリの間」については、「第三十講」（一三九頁）及び「第三十八講」（一七八頁）を参照。

註一五九、引用句の読み方は、中村元・紀野一義訳注『般若心経・金剛般若経』ワイド版岩波文庫、二〇〇一年刊による。

註一六〇、「心無罣礙」について石原忠美範士は次のように述べていらっしゃいます。

「これは般若心経の中ほどにある言葉で『心に罣礙無し』ということです。罣礙とは、さわりということ、つまり心にひっかかるもの、邪魔するもの、迷い、恐れ、不安がないということであります。人間はこだわり、とらわれ、かたよりを持っておるけれども、これを離れることができればずいぶん楽になれる。剣道の無心に通ずるところであります。

仏教では民衆の不安を取り除き、安心立命させること。剣道では四戒と迷いを去り、無心を悟らせることです。この点、宗教と剣道は同じだといえるのであります。

安心立命とは、安心によって、心と力の限りを尽くす。それ以上は天の心に任せる。つまり人事を尽くして天命を待つ、というようになる。これが究極の人間形成といえるのではないかと、こう思います。」……石原忠美剣道範士講演録『活人剣・殺人剣と人間形成』体育とスポーツ出版社刊、二〇〇六年、八四―八五頁より。

第六十六講　打突の好機

構えておって、相手が起りにくれば打て、引けば打て、構えている時に居着いていれば打て、そういう所は打つようにして。

『小川忠太郎先生剣道話　第二巻』二一〇頁

剣道の稽古は一足一刀の間が原則です。もちろん、稽古がいきなりその間から始まるというのではなく、遠間から先の気分でこの間に攻め入ることが重要であるのはいうまでもありません。この生死の間に入って一瞬でもボケッとすればその隙をすかさず相手に乗じられて打たれてしまいますから、本体の外側にある構えのみならずこれと連動して内にある心の構えにも緩《ゆる》みがないようにし、真剣、真剣、真剣、真剣……という点の連続に努めなければなりません。これは言うのは易《やさ》しいことですが、おこなうのは実に難しいことです。しかし、本筋の稽古に入るためには是非とも忘れないようにしたい修行の勘所《かんどころ》です。

真剣の構えを持続するということは、どの刹那《せつな》においても常に相手を打突するのに最適な状態で備えているということです。『日本剣道形解説書』註一六一によれば、打突の機会とは、太刀の場合には機を見て、また小太刀の場合は仕太刀が入身《いりみ》になろうとするところです。

竹刀稽古の場合にも同じく打突を発すべき好機註一六二といわれるものがあり、とりわけ重要であるのが「三つの許さぬところ」です。実はこれが冒頭の刀耕先生の言葉によって表されているものですが、このポイントを佐藤忠三範士註一六三の解説によってもう少し詳しくみてみたいと思います。

(1)出頭《でがしら》　相手が己《おのれ》を攻めに出るところ、又打突の技を出すところ、出そうとする起り鼻をすかさず打突する。

(2)引く処《ところ》　攻められ、又其《そ》の位置に居るの不利を思って備えなしに後退するところ、横に開く時も同じ。

(3)居付いた処　攻められて、苦しく心のはたらきが失《な》くなった時、又相手を如何《いか》にして打突しようかと考えたり、種々の状態で心身のはたらきが停滞した処。

三つの好機に関する理解が深まったなら、次はこの理合の体現に向けて大いに修錬を重ねることが肝要です。これについて刀耕先生は次のように説かれています。

今、皆、少し出るようになってきたけれど、未だ切り返し、掛り稽古が足りないから、腰から下が充実しない。だから、構えておっても、私が知らん顔していると、何だか打たなくてはならないようになって、打って来るから、それで腰から下が充実しない。考えたら尚悪い。切り返し・掛り稽古で気の連続。細かく言えば正念相続、この連続をズッと。これさえ出来れば、もう隙は無いのだから、ここから働くようになる。

『小川忠太郎先生剣道話　第二巻』二一〇頁

この講話に続くのが冒頭に示した言葉です。

さて、打突の絶好の機会ということに関連して、刀耕先生が持田範士に願った稽古において好機をとらえられてしまったことを反省・工夫をされている貴重な資料があります。

余曰く「先生から気の留ったところを打たれました」と。先生曰く「剣道はあそこだ。互に攻め合っている時、技を出せば、どんな技でもそこには起りがある。その起りにスーッと手を伸ばして乗れば起りが打てる。あなたの打つ面はそこだ。その時、相手の起りに自分の気が引ければ逆に打たれてしまう。引けるのは気が止るのだ。尽きるのだ。そこを打たれれば軽いも短いもない。あなたは攻められると一寸顔（上体）が引ける所がある。気が止るのだ。あれが無くなれば、あなたの稽古はたいしたものだ。私にも時々、気の止る所はあるが」。余曰く「相手に攻められた時、上体を引かずに逆にスッと手を伸ばしてしまえばよいのですね」。先生曰く「然り」

『百回稽古』「第五十七回目」二一五―二一六頁

出頭の好機には、表層に現れる身体動作現象のみならず、心法の問題がなんと大きな比重を占めていることかという事実を知って本当に驚かされますが、この持田範士と刀耕先生の慧眼による洞察をよくよく工夫して稽古に活かしていきたいものです。

さて、禅の言葉に「啐啄《そったく》同時」註一六四というものがあります。母親鳥が自分の産んだ卵を温めていると、雛《ひな》ほどに成長した小さな子が表に出たがって中から殻をコツコツと啄《つつ》きはじめるときがやってきます。すると親鳥もこれと波長を合わせるようにして同じ所を啄《つつ》いてやると、うまいことに殻がパリッと割れて、雛が無事にかえることになるのだそうです。啐啄の機とはこういうめでたい話を背景として生まれ、逃してはならない絶妙の好機という意味を表す言葉になったのだそうです。

打突のことから人生のことにまで視野を広げて絶好の機会について考察してみたときに、形に表れたもののみならず、その内奥にあるものまでもよく観るように心がけなければならないということに気がつきます。このように剣道の稽古について反省と工夫をするということは、結局、日常生活の工夫をすることにもつながっているということに思い至ることができれば、これは何と楽しいことではないでしょうか。『論語』に出てくる孔子のこんな言葉が思い浮かんできます。

学《まな》びて時《つね》に之《これ》を習《なら》う、亦《また》説《よろこ》ばしからずや。註一六五

註一六一、全日本剣道連盟刊、昭和六十一年。

註一六二、『剣道和英辞典』（全日本剣道連盟刊、平成十二年版）の「打突の好機」の項（一二二頁）によれば、相手の「技の起こり」、「技のつきたところ」、「居ついたところ」、「ひいたところ」、「技を受け止めたところ」などが代表的なところとして示されている。

註一六三、『剣道の学び方』体育とスポーツ出版社刊、昭和五十四年、一二九—一三二頁参照。

註一六四、西部文浄著『茶席の禅語（下）』（橘出版刊、平成六年、五一—五二頁）による。

註一六五、「（たとい不遇なときであっても）学ぶことを続け、（いつでもそれが活用できるように）常に復習する。そのようにして自分の身についているのは、なんと愉快ではないか。」……加地伸行全訳注『論語』講談社学術文

庫、平成十七年刊より。

第六十七講

武道と剣道

山岡鉄舟の妻の兄にあたる山岡静山という槍の名人は二十七のとき、人間はやさしい心をもって徳で勝たなきゃだめだと言っている。力で勝つんではなく徳で勝つ。自己を正すことが大事だということ。

『小川忠太郎範士剣道講話㈠』二〇三頁

剣道は武道である、あるいは稽古は武道精神に則《のっと》っておこなうべきであるといわれることがあります。この場合、武道とは一体どういうことを意味しているのでしょうか。『剣道和英辞典』註一六七によると次のように説明されています。

武術・武芸のこと。武士の守るべき道。武術の修練を通して人間としての道を学ぶもの。武術の稽古に高い精神性をもとめ、単なる術の稽古だけではない名称として、一九一九年（大正八年）当時武術の統括団体であった大日本武徳会が、撃剣・柔術・弓術を剣道・柔道・弓道と名称変更し、それらを総称する名称として新たに武道という名称を使ったことにより、一般化したことば。今日では、さらに多くの種目を含めて武道と呼び、剣道・柔道・弓道・相撲・なぎなた・合気道・空手道・銃剣道・少林寺拳法の総括名称として用いられている。（傍線著者）

右の説明から明らかなことは、武道としての現代剣道は、修錬を通して人間としての道を学ぶということを目的とするものであるということです。これはすなわち、剣道とは剣の理法を修錬することによって人間形成の道を歩むものであるとする「剣道の理念」のことに他なりません。辞典に示される種目の他に、もちろん杖道や槍道も武道の仲間ですから、冒頭に引用した刀耕先生の講話にみえる槍の名人山岡静山[註一六八]の言葉は、剣道に志す者にとっても武道精神を養う上で大変参考になるのではないでしょうか。ちなみに、ここでいう「徳」とは、国語辞典[註一六九]を参照すると、「精神的・道徳的にすぐれた品性・人格」のことであると定義されています。

さて、刀耕先生の説かれるところによれば、武道としての剣道を志す者にとって鍛錬は不可欠ですが、その意味が大変重要です。

この鍛錬は相手に勝とうとか、うまく打ってやろうとか、そういう鍛錬ではない。自分を鍛える鍛錬。自己に徹する、自己を正す鍛錬。

相手に打たれたら、欠点を教えてもらって有難いと思えば何でもない。人に悪口を言われたら、自分の悪いところを指摘してもらったんだと思えばいい。また逆境になったら、その逆境が楽しくなるようにする。誰でも逆境はいやがる。いいことだけが好き。しかし世の中、いいことばかりではない。だから悪いことがきても、いいことがきても同じように楽しくなれるようにする。

それが鍛錬。鍛錬というのは、人をたくさん打つとか、そういうことではない。若い人、とくに二十歳前後の大学生あたりは、こういうことをしっかり頭に入れておいて欲しい。

『同上』二〇三頁

幼少年時代に剣道を習い始めたという大学生の剣士はたくさんいると思いますが、こういう大切な教えを心得ていらっしゃる人は意外に多くはないのではないでしょうか。大学生の試合を拝見して、時々気になることの一つに敗者となった選手の行動があります。たとえば、終礼の動作を相手と合わせず勝手に済ませて退場したり、席に戻って着座するときに床に竹刀を投げつけるとか、また籠手をはめた拳で床をゴンゴン叩いて悔しがるケースなどを指摘することができます。これらは刀耕先生の説かれる武道精神からは逸脱している振る舞いであるといえます。習い始めた幼少年時代に正しい教えに接していれば、今頃はきっと立派な大学生剣士に育っていることだろうにと思います。学生時代の今からでも決して遅くはありませんから、次の澤木興道禅師の講話を熟読されて、武道では一体何を鍛錬するのか、何が目的かということについてよく理解を深めていただければ大変結構なことであると思います。

勝負をやるにしても、勝って調子づく、負けて泣くという。これはどちらにしても賞《ほ》めた話ではない。負けても勝っても、そこに銘々《めいめい》自分の有る限りの本分を尽くして、できるだけのことをした以上、そうバタバタしない。鼠《ねずみ》が溝《どぶ》に入ってバタバタして鼻先をぶっつけ、眼《め》が眩《くら》んでまごまごしていると、子供に尻尾《しっぽ》を捕えられてなぶりものにされて、まだ生きていると、猫を呼んで食《く》わされてしまう。私はあの鼠のようにバタバタして一生を終わる人が多いと思う。私がもし鼠ならば、あの小溝《こみぞ》に入った時から坐禅してやる。そうして水の中につけられようが何されようが、猫が来ようがウンと構えていたら面白いだろうと思う。

これについて思い出すのは、先年、早稲田大学の剣道部の選手が優勝しましたね。あの時の話を私は聞いたが、負けた方は口惜しくてもう泣きかけていた。ところが勝った方は済んだ者から順に静坐して、勝ってしまった時には全部静坐してしまったそうです。負けた者がワーッと泣きかかるところであったが、ふとそれに気がついた。そこで、たちまち負けた方も、みなじっと坐ってしまった。勝った方も調子づくことを忘れ、負けた方も鬱憤《うっぷん》を忘れ、両方ともじっと坐っておった。それが全国から集まっている幾多の青年に感動を与えたというのですね。まことに立派だったそうです。早稲田は断然勝ってシャンとしておった。負けた方は泣きかけたけれども、そいつもシャンとしておったというところが非常に面白いと思います。

『禅談』二二〇―二二一頁

澤木禅師の説かれる武道で養うべき徳とは、

得意淡然《たんぜん》　失意泰然《たいぜん》註一七〇

ということであると思います。すなわち、順風満帆の順境にあっても自惚《うぬぼれ》ることがなく、また逆境にあっても本体を見失うことのないような平常心を身につけた人格を養うことが肝要であり、その徳を養うことは、たとえ二十歳前後の青年であっても、良き指導者の導きがあれば決して不可能なことではないということです。

青少年の剣士だけでなく社会人の剣士もまた、厳しい現代社会を生きていくためには、まず正しい剣道修錬の目的を理解して、日常の稽古において剣徳を身心に養う精進を続けていくようにしたいものです。

註一六七、全日本剣道連盟刊、二〇〇〇年版（一五頁）。

註一六八、幕府講武所槍術師範高橋泥舟の実兄であり、山岡鉄舟の槍術の師。

註一六九、『ハイブリッド新辞林』三省堂（一九九八）による。この他に「自然に人を敬服させ感化する力・人柄、人から慕われる人柄」『学研国語大辞典』、あるいは「身についた品性、善や正義にしたがう人格的能力」、さらには「広く他に影響を及ぼす望ましい態度」『国語辞典』第五版、岩波書店（一九九七）などとある。

註一七〇、これは中国明代の学者崔銑《さいせん》が著したという「六然訓」と呼ばれるものの最後の二訓であり、最初の四訓は「自処超《じしょちょう》然」「処人藹《しょじんあい》然」「無事澄《ぶじちょう》然」「有事斬《ゆうじざん》然」という。また「淡然」は「澹《たん》然」とも「欿《かん》然」とも表現されることがある。……安岡正篤著『王陽明　知識偏重を拒絶した人生と学問』（現代活学講話選集7、ＰＨＰ文庫、九四―九七頁）による。

第六十八講　「私」を去る

結局、剣道の修行で一番邪魔になるのが、修行の始めから終りまでついてまわるこの「私」である。仏教では「煩悩無尽」、「私」は尽きないと言っている。この「私」を去る修行は骨が折れるのである。

『小川忠太郎範士剣道講話(二)不動智神妙録』一五三頁

本講では、剣道即日常生活における「去私《きょし》」の問題について、刀耕先生が説かれるところにしたがって考えてみたいと思います。ここでいう「私《わたくし》」とは、仏教でいう「煩悩」のことです。

人間には「私」いわゆる煩悩《ぼんのう》というものがある。この煩悩のまま生活していくと生活は乱れ、どこへ行くか行先も定まらない。

『同上』一五〇―一五一頁

右の指摘によれば、私たちがもっている潜在能力は心に去来する煩悩によって十全の働きが阻害されてしまうということです。では煩悩とは一体どのようにして生まれてくるのでしょうか。それについて刀耕先生は次のように説かれています。

「私」というのは、きれいなものを見て、きれいだと思うのはいい。しかし、きれいなものを見て、きれいだから欲しいとか、きたないものを見て、きたないから嫌いだなどと思うと、それは「私」になる。

だから「私」を去るといっても、きれいだとかきたないとか、その最初の一念はいい。そしてその一念だけでいけばいい。それが、きれいだから欲しいという二念が生じれば、続いて三念、四念……となる。こうなると、そのことにとらわれて、心が自由に働けなくなる。

『同上』一五一頁

いまかりに庭園の枝にほころび始めた梅の花を目にして、ああ美しいなぁ、とかいい香りがするなぁと思うのは自然な想い（＝念）です。しかし、その想いに連鎖反応するようにしてその枝を手折って持ち帰りたいとか、あるいはそのほかにあれこれと想いを浮かべるようにすれば、それが「私」であるというのです。日常生活や職場においてこのような煩悩に襲われないようにするにはどうしたらよいのかということについて、刀耕先生は次のように説いてくださいます。

だから日常生活なら「生の一念」。仕事をしているときなら「仕事一念」。その仕事になりきってしまう。仕事をしながら、こんな仕事はばかばかしいなどと雑念が入ると「私」になる。

『同上』一五一頁

日常生活でいえば諸事になりきって充実した生活を送ること、また職場や家庭などでは担当する仕事の役割になりきって振る舞うことが大事です。どのような仕事でも、サッと着手するのが「仕事一念」であり、これに対し与えられた仕事を前にして、ぐずぐずとあれこれして躊躇《ちゅうちょ》していれば、これが「私」となります。それでは仕事の流れによい調子が出てくるはずがありません。

剣道なら「勝つ一念」。これになりきる。みんなが見ているからよく使おうとか、格好よく勝とうとか、負けたら恥かしいとか、そういう二念が出たら迷いとなる。そしてそれに執着して隙ができる。その隙を打たれるのである。

『同上』一五二頁

やっと剣道の話になりましたが、剣道では「勝つの一念」[註一七二]になりきることが肝要です。それを周囲の目を気にして、よく使ってやろうとか相手に打たれずに格好良く打ってやろうなどと、いろいろ余分な想い（＝念＝「私」＝「我《が》」）が浮かんでくると、その煩悩によって心の働きが奪われてしまうために、「勝つ」の一念のほうの心がお留守になってしまうというのです。それどころか、うまく打ってやろうなどと余分なことを思っていると焦燥感が生まれてきたり、あるいは打たれないようにしようと思えば心身が萎縮したりすることもあるものです。これでは稽古も試合も容易なことではありません。そこで刀耕先生は、このような時にはどう対処したらよいのかという処方箋《しょほうせん》を示してくださいます。

この「私」を去るというのは、力はいらない。ただ二念以下をぶち切って、一念になりきればよいのである。一念一念……と一念を続ける。一念相続。これを「一念不生」という。

『同上』一五二頁

この二念以下の「私」を去るためには、ただ一念のみの相続に努めること、すなわち「一念不生」という心の工夫を心がけることが肝心である、ということです。しかしこれは、言うのはやさしいことですが、実行するとなると決して容易なことではありません。

仏教の観点からすると、「私」という煩悩は二つや三つどころか無限にあるのだそうです。それゆえに、禅の修行を志す人なら誰でも、これを払拭するために「煩悩《ぼんのう》無尽《むじん》誓願《せいがん》断《たん》[註一七二]」という大願を立て、これを持して生涯にわたる自利の修行をしていくのだそうです。

これと関連して、次の禅の一句を鑑賞してみたいと思います。

一枝梅花《いっしのばいか》和雪香《ゆきにわしてかんばし》[註一七三]

この句の心は、雪の降る厳しい冬が終わり、香りのよい梅の蕾《つぼみ》が開花する春の到来を単純に喜ぶだけのものではなさそうです。「雪」によって象徴される厳しい状況にもかかわらず、これと対立することも逃げ出すこともなく、ただじっと在るがままに枝に積もった雪と和し、そして時《じ》宜《ぎ》を得て馥郁《ふくいく》たる薫りを漂わせはじめる梅木の生き様は、まるで煩悩を超越しているようにみえる自然の大偉業であり、この真実に感銘を覚えない人はいないでありましょう。自然界が私たちに啓示する「和雪」の精神《こころ》を鑑《かがみ》として、勇猛心《ゆうみょうしん》をもって精進の上に、さらに精進を積んで成仏(＝人間形成)することができるならば、なんと素晴らしいことではないでしょうか。「一枝の梅花　雪に和して香《かんば》し」とは、剣の道の途上にある修行者を励まし、さらに道の奥へと誘《いざな》ってくれる名句であると思います。

さて、冒頭の言葉にある「『私』を去る」ということについて学んできましたが、この言葉は文豪夏目漱石の晩年の思想を表わすとされている「則天去私」という言葉の一部であることに気がつきます。本書のもとになる連載「無得庵刀耕先生の遺した魂《こころ》」の執筆を開始するにあたり、小川家を訪問したことがあります。そのとき刀耕先生が禅の工夫や執筆をされていたという書斎を拝見させていただきましたが、書棚には剣道関係の書物と並んで漱石全集の全巻が並んでいるのが大変印象的でした。剣道の言葉に「文武両道」はじめ「経文緯武」あるいは「左文右武」という同趣旨の言葉がありますが、剣道によって「武」を養うとともに、中・高等教育を終えて社会人となっても良書を読んで教養という「文」を養うことも忘れないようにして人間形成の道を歩んでいきたいものです。『論語』にこういう言葉があります。「子曰《しいわ》く、学びて思わざれば、則《すなわ》ち罔《くら》し。思いて学ばざれば、則ち殆《あや》うし」註一七四。


註一七一、「勝つの一念」については、このテーマを扱った「第三十七講」(一七三頁)を参照のこと。

註一七二、「第五十三講」註一二六(二五三頁)を参照。

註一七三、「第五十五講」でも少し触れた言葉である。なお、出典は『禅のことばに生き方を学ぶ』青山俊董尼著、㈱春秋社刊、平成十五年、四二頁より。

註一七四、原文は「子曰、學而不思、則罔。思而不學、則殆」であり、現代語訳は「老先生の教え。知識や情報を

〔たくさん〕得ても思考しなければ、〔まとまらず〕、どうして生かせばよいのかわからない。逆に、思考するばかりで知識や情報がなければ〔一方的になり〕、独善的になってしまう。」……『論語』加地伸行全訳注、講談社学術文庫、平成十七年刊による。

第六十九講　養直心（上）

相手と構えているとき、自分が直心、素直な気持でいると、相手が打とうとするのが映る。泣き声で赤ちゃんの気持が母親に映るのと同じ。それで相手が打とうとする「ウ」のところを打つ。これが「機先を制する」ということ。

『小川忠太郎範士剣道講話(一)』一五〇頁

剣道では、相手が打とうとするときに、技の起こりの「お」の字の瞬間を上手に捉え、相手よりも先に打突を発して優位に立つことを「機先を制する」といいます。そのためには相手の気持ちが自分に映らなければならず、それにはまず自分の心が「直心《じきしん》」になっていなければなりません。これが刀耕先生の説かれるところであり、「直心」については次のように述べています。

直心というのを人間は皆、生まれながらに持っている……〈中略〉……人からもらったものでもなく、教わったものでもない。自分が初めから持っているんだから、そのものをなくさないように育てていくのが人間の一生涯の仕事である。

もともと持っているのであれば、修行など不必要ではないかと思われる向きもあるかも知れません。しかし、人間とは周囲の影響を受けやすいものであり、この「素直な心」も成長過程において次第にいろいろな人生の塵《ちり》に染まって曇ってくるものです。

『同上』一四九頁

人間は外界からいろいろなものを受け入れます。受け入れるだけならよいがそれに執着すると塵となる。目から入る、耳から入る、あらゆるものが入ってきます。塵が積もってくると、生まれながら持っているものが眩《くら》まされます。十二、三歳ぐらいから、そろそろそうなりますね。十二、三歳ぐらいになると、純真なものに少し曇りがかかってきます。ほうっておくと、それがだんだん成長していきます。そこに本来持っているものを曇らせないための修行が必要になってくるわけです。

『同上』三八―三九頁

こういうわけですから、生まれながらにして誰にもあるという「直心」を覆《おお》っている塵を払うためには、どうしても修行を重ねていかなければなりません。それは人間として生まれた以上、たとえ天才といわれる人であっても修行は必要であるというのです。

刀耕先生が説かれるところによれば、それには「直心」を養うことを理想とする直心影流の法《ほう》定《じょう》註一七四が最適であるということです。その際、用いられる努力呼吸という呼吸法は、筆者の体験したところからいえば、「内藤流の呼吸」（第四講）また「呼吸を止めて打つ剣道形の呼吸法」（第四十一講）と大いに通じるところがあるものです。刀耕先生が京都大会で遺された最後の提言である呼吸法について、私たちは大いに工夫し、二十一世紀の剣道に生かしていく必要があるのではないでしょうか。

さて刀耕先生によれば、直心影流では「直心」を春夏秋冬という四つの自然に分けて法定に込めてあり、その精神を真剣に修錬していけば、人間生活で行きづまることはないということですので、以下、第一本目から順にみていくことにしたいと思います。

第一本目の太刀は「八相発破」と呼ばれ、その精神《こころ》は「春」です。機先を制することを教えるものです。この要点は冒頭に引用した言葉に示されていますが、もう少し補足しておきます。

相手の気持が自分に映るような状態になっていることが難かしい。この修行をするのである。これは人事百般に通じることである。

農家でも、草が少し生えたときに除《と》ってしまえば簡単だが、今日はまだいい、もう少したってから除ろうなどと思っていると、ひと雨降ればびっくりするほど伸びてしまう。これもやはり機先を制することが大事である。

それで機先を制するには、先ず段取りがよくなくてはいけない。なにごともきちんと計画を立ててから行なうことが大切である。「事の未《いま》だ成らざる　小心翼々」である。

『同上』一五〇―一五一頁

次の二本目は「夏」。「一刀両断」とも呼ばれ、二の太刀はないという教えです。

一本目は打太刀が「事の未だ起らざる以前」だが、二本目は事が既に始まっている。ここは真剣に、捨身、差し違いで行く。道歌にある「振りかざす太刀の下こそ地獄なれ、一足進め先は極楽」。これである。相討ち、差し違い、捨身である。

この精神がないと社会でもビクビクしてしまう。世渡りができない。捨身でいけば、どんなことが起っても自信を持って対処できる。こういう修行をしていく。

今の剣道はこの点が欠けている。捨身がなくて、ただ当てるをもって足れりとしているから、技のところに低迷することになる。人間というものは、真剣、捨身になってはじめて深くなってゆく。剣道もこれがなくなると単なるスポーツになってしまう。

『同上』一五一頁

現代においては竹刀を用いた稽古法による剣道が主流ですが、打ったの打たれたのという浅い域にとどまっているのではなく、歩歩是道場《ほほこれどうじょう》註一七五という具合に生死の道を明らめつつ直心を養っていくことにすれば、充実した人生を希求する私たちの願いも実現に近づいてくるのではないでしょうか。

註一七四、直心影流については「第五十六講」註一三三（二六九頁）を参照。また、法定とは、長さ三尺三寸、重さ約一、二キロの直刀型の木刀を用いた流儀に基づく形の練習法をいう。

註一七五、これは禅の言葉で、『「歩歩」とは、歩きながら、一歩一歩という意味です。歩む一歩一歩、行動のひとつひとつが、すべて修行の道であるということです。この「歩」という語は、漫然と足を運ぶということではなく、ある目的に向かって前進するということです。ここでの目的とは、もちろん悟りの境地です。』……平田精耕著『禅語事典』（ＰＨＰ研究所刊、一九八八）より。

第七十講　養直心(下)

法定の形のこの四つは剣道の修行ではあるけれども、人生においてはこの四つで社会に対処する。「機先を制する」「一刀両断」「右転左転」「長短一味」これを訓練に訓練を重ねることである。

『小川忠太郎範士剣道講話(一)』一五三頁

前講に引き続き、直心影流法定の太刀にこめられている精神《こころ》についてみていくことにしますが、それは厳しい現代社会をいきいきと生きていこうと願う私たちにとって必ず大きなヒントになるものです。

さて、第三本目は「秋」です。「右転左転」と呼ばれます。

これは変化。世の中は変化している。昨日こうだったから今日もそうかというと、とんでもない。昨日と今日は違う。昨日のことを今日やろうとしてもだめ。此所《ここ》と向こうでも違う。だから臨機応変にやること。

そしてこの三本目は、自分の心が澄んでいなければ、本当の直心でなければ変化ができない。本当の直心であれば、臨機応変、右転左転ができる。これも直心の用（はたらき）である。

仕事などでも、一つのことをやっていて、それがうまくいかないと思ったら、すぐに切りかえる。しかしどういうふうに変わっても根本は変わらない。根本というのは直心。それが変わったらだめ。しかし世間の人は、行きづまると迷って、その根本が乱れてしまう。

『同上』一五一—一五二頁

大変重要なことは、相手の出方に応じて自らが変化して優位に立つためには、まず自分の心が澄んで「直心」になっていなければ十全にできることではない、という指摘です。そこまでの修行を積むことは決して容易なことではありませんが、直心を養っていくためにはまさに自浄其意《じじょうごい》註一七六の修行に努めていかなければなりません。

この「右転左転」の太刀使いについて、私たちの理解を深めるために、刀耕先生は一刀流の観点から次のような示唆を加えてくださいます。

一刀流に「浮木」というのがあるが、これが「右転左転」。水に浮いている瓢箪《ひょうたん》を押すと、沈まないでひょいと浮き上がる。右を押せば左へ、左を押せば右へ、強く押せば強く、弱く押せば弱く浮き上がり一ヵ所にはとどまらない。

この調子で、相手がどんなに攻めてきても、それと争わず、かかってくる心にも力にも技にもかかわることなく、はずしては乗り、はずしては乗りして、遂には争わずして勝つ。この「浮木」も直心である。これは非常に程度が高い。

『同上』一五二頁

引用文中に「乗る」という言葉が出てきますが、これは「第五講」で話題にしたことにつながっています。すなわち、「乗る」とは「受け身になるな」という意味ですから、一見したところ押されて沈まされたように見える瓢箪の動きについてはおおいに工夫をしてみる価値がありそうです。

では最後に、「長短一味」と呼ばれる第四本目「冬」についてみることにします。

長いも短かいも一つ。長いというのは、人間の一生では長生きすること。短かいというのは「今」。「即今只今」今すぐ死ぬこと。

ところが長いというのも、単なる生まれてから死ぬまでの百年未満の長さのことではない。永遠という意味。人生は永遠であるということ。それで短かいというのは今。これが一つになる。今死ぬことが永遠。永遠というのが今。これで死生は超越している。この死生の超越がなければ人間はいつもビクビクしていることになる。

この長短一味は自分の問題。自己の人生観、自己形成の問題だ…〈後略〉…（傍線著者）

『同上』一五二頁

ここでいう「長短一味」の意味を人間個人形成の観点からいえば、二律背反する「永遠」と「今」という相対の見方を超越して「今死ぬことが永遠」であると、すなわち死生は一如であると覚る修行に精進することが肝要であるということです。その境地は剣禅一如の悟りの世界のことでありますから、筆者の力量ではとてもこれ以上の説明は不可能なことです。
さて、刀耕先生は、「長短一味」について別な角度から次のようにも説かれています。

……が、もう一つは社会形成の問題としては、長短というのは社会における差別。同じものは二つない。十人十色。それでいい。直心があれば、そのままでいい。

例えば、鶴の足は長ければ長いままでいい。亀の足は短かければ短かいままでいい。それを鶴の足が長いからといって切ってしまったら鶴は悲しむだろう。また亀の足を少し長くしてやろうなんてことはしなくていい。

これは人間も同じこと。誰でも皆、真似のできない個性を持っている。それはそのままでいい。人真似しなくてもいい。頭のいい人はいいなりに、悪い人は悪いなりでいい。頭が悪いといっても、そういう人は、またどこか必ずいいところがあるものである。

これを一言で言えば、「らしく」すればいい。子供は子供らしく、男は男らしく、学者は学者らしく、剣道家は剣道家らしく……。

『同上』一五二―一五三頁

人間社会形成の観点からみれば、人間の社会には同じものは一つもなく、十人十色であるということは誰しもが認めるところです。ビジネス社会においては製品の差別化が強調されて企業競争が現実におこなわれているのも事実です。しかしながら、直心を養うということを目的とする人間形成の観点から、「鶴の足は長ければ長いままでいい。亀の足は短かければ短かいままでいい。」と、相対の見方による差別を超越する修行をすることが肝要であると、説かれています。そして「らしくする」修行をすることが大事なことであると勧めてくださいます。つまり剣道でいえば、初段は初段らしく、四段は四段らしく、また七段は七段らしくすることに勧めるということです。日常生活でいえば、人にはそれぞれの社会的な役割がありますが、それぞれの人が「らしくあるように」勤めるということです。

前講と連続して、「直心を養う」というテーマで直心影流法定の精神を刀耕先生が説かれるところにしたがってみてきましたが、結局、「相手の機先を制する」（春）ためにも、「真剣から生まれる自然な捨身、差し違い、あるいは相討ちを体得する」（夏）ためにも、また「臨機応変の働きをする」（秋）ためにも、そしてさらに「長短一味の個人形成・社会形成の境地に達する」（冬）ためにも、人間であれば誰にも備わっているという「直心」を覆っている塵を払うことによって澄んだ素直な心を取り戻していくことが肝要であり、それによってこそ剣道もまた人生も充実したものとなってくるものである、ということが明らかになったものと思います。

刀耕先生は、人間形成を主眼とする剣道の修行においては、とりわけ心法の工夫をすることが重要であるとよく説かれていますが、その一端を示すのが次の言葉です。

…刀法、心法。今の剣道をやっている者は、この心法が明らかでない。この間、全剣連で会議があった時、私が錬士はどの程度の心法でよいか、教士はどうか、範士はどうか、これがはっきりわかるように決めたらいいだろうと言ったら、心にそんな段階があるのですか。そのくらいのものなんだ。先生が心には段階がないと思っている。全然そういう方面が暗い。心ぐらい段階の

あるものはない。註一七七（傍線著者）

ここで大事なことは傍線部の言葉です。剣道の修行においては刀法や体法もさることながら、刀耕先生が指摘されるとおり、心法の工夫を忘れずに心を深く、深く掘り下げて、自分ならではの直心の畑を兀々《ごつごつ》と耕していくことがこの上なく重要なことであると思います。禅に次の言葉がありますが、これを励みとして心の修行を怠らず、剣の道の精進に勤めてまいりたいものです。

身は是《こ》れ菩提樹《ぼだいじゅ》
心は明鏡台《めいきょうだい》の如《ごと》し
時々に勤めて払拭《ふっしき》せよ
塵埃《じんあい》をして惹《ひ》かしむること莫《なか》れ註一七八

註一七六、第五十二講「註一二五」（二四八頁）を参照。

註一七七、昭和五十三年十月二十四日、警視庁武道館での講話より。刀耕先生、七十七歳。

註一七八、「身是菩提樹　心如明鏡台　時時勤払拭　莫使惹塵埃」は六祖弘忍《ぐにん》の高弟神秀《じんしゅう》の作とされ、大意は「身体は、さとりを宿す樹のごときもの、心はもともと清浄で美しい鏡のごときもの、ゆえに、つねに汚れぬように払《はら》ったり拭《ふ》いたりして、煩悩の塵《ちり》や埃《ほこり》をつけてはならぬ」。……松原泰道著『禅語百選』祥伝社刊、昭和五十九年より。

本書は、月刊『剣道時代』誌二〇〇二年（平成十四年）五月号から二〇〇八年（平成二十年）六月号まで連載した「無得庵刀耕先生の遺した魂《こころ》——現代を生きる糧」を加筆修正し、一冊にまとめたものである。

杉山　融（すぎやま・とおる）
昭和23年生まれ。国立大学法人静岡大学情報学部教授（英語学）、同副学長（学生支援担当、平成22年度～）を兼任。同体育会剣道部顧問・部長（昭和54年～）・師範（平成19年～）。剣道教士七段。中学１年から習い始め、東北大学剣道部において堀籠敬藏師範（現・範士九段）の薫陶を受ける。静岡大学教養部講師（英語）に着任後、知恩剣修館（静岡県焼津市）にて井上義彦範士八段の指導を受ける（昭和59年～）。
小川忠太郎範士との関係は、日本武道修錬会会長・加藤達人氏（東北大時代の後輩）の好意により範士の剣道講話の録音テープに耳を傾ける機会を得て以来私淑していたが、直接教えを受け得たのは、小川範士と井上範士との良縁のお陰による。昭和63年と平成元年夏開催の日本武道修錬会においてであった。小川範士からいただいた書簡「剣道は入れば入る程深いですから一層の御精進を切望致します」という言葉に励まされ、今日に至る。

現代を生きる糧《かて》　刀耕清話《とうこうせいわ》　小川忠太郎の遺した魂《こころ》

平成22年６月24日　初版第１刷発行
平成30年２月20日　　　第３刷発行

著　者　　杉山　融
発行者　　橋本雄一
発行所　　㈱体育とスポーツ出版社
〒101-0054　東京都千代田区神田錦町１-13 宝栄錦町ビル３階
ＴＥＬ　03-3291-0911
ＦＡＸ　03-3293-7750
振替口座　00100-7-25587
http://www.taiiku-sports.co.jp
印刷所　　美研プリンティング株式会社

落丁・乱丁本はお取り替えいたします。
ISBN978-4-88458-239-5 C3075　定価はカバーに表示してあります。